Diogenes Taschenbuch 24595

Auszeit

Endlich einmal nichts

Ausgewählt von
Christine Stemmermann

Diogenes

Mitarbeit: Lena Baumann
Nachweis am Schluss des Bandes
Covermotiv: Illustration von Alessandro Gottardo
Copyright © Alessandro Gottardo

Inhalt

Huber spannt aus (1)

Hubers Strandliege hat einen weißen Überzug mit der Aufschrift »Coco Beach«. Caroline liegt neben ihm, dazwischen steckt ein Schirm mit der gleichen Aufschrift. Ein junger Mann in einem T-Shirt mit der gleichen Aufschrift geht zwischen den Liegen umher und kassiert die Mietgebühren.

Solange er nicht bei ihm vorbeigekommen ist, kann Huber sich nicht richtig entspannen. Im Gegensatz zu Caroline. Wenn er sich nicht täuscht, schläft sie bereits. Auf jeden Fall hat sie die Augen geschlossen. Möglich, daß sie das nur zur Vermeidung heller Krähenfüße tut, aber die Wirkung ist die gleiche: Sie bietet ein Bild absoluter Entspannung und hat das administrative Problem an ihn delegiert.

Dabei ist er es, der Ferien braucht. Laut Caroline. »Schalte doch mal ab«, hat sie immer wieder gesagt. »Versuch doch einfach einmal drei Wochen nichts zu tun, nichts zu denken, einfach *zu sein*.«

Ein paar Liegen weiter spricht der Strandkassierer mit einer Frau. Huber versucht vergeblich, seine Aufmerksamkeit zu erlangen. Schließlich packt er das Portemonnaie, das griffbereit auf der Badetasche liegt, und steht auf.

Auf halbem Weg sieht Huber, daß die Frau, mit der der Kassierer spricht, kein Bikinioberteil zu tragen scheint.

Sofort macht er kehrt, geht zurück zu seiner Liege, schlüpft aus den Schlappen und legt sich wieder hin. Caroline hat von seiner Abwesenheit nichts mitbekommen. Er könnte ertrinken, sie würde sich nicht bei ihrer Entspannung stören lassen.

Seine frisch eingecremten Füße sind jetzt von weißem Sand überzuckert wie zwei Berliner. Er setzt sich wieder auf und säubert sie, so gut es geht. Dann die Hände, so gut es geht. Dann das Buch »Relax. Der schnelle Weg zu neuer Energie«.

Als er wieder zur Liege mit der jungen Frau hinüberschaut, ist der Beachboy verschwunden. Selber schuld, denkt Huber. Falls ich dann schlafe, wenn er kassieren will, muß er halt später wiederkommen.

Huber schließt die Augen. Wie einer, der sich schlafend stellt, weil er sich die Liegestuhlmiete nicht leisten kann, kommt es ihm in den Sinn. Er stützt sich auf den Ellbogen und hält Ausschau nach dem Mann im Coco-Beach-T-Shirt.

Wie ein Strandvoyeur, fährt es ihm durch den Kopf. Sofort legt er sich auf den Rücken, greift das Buch und hält es in bequemer Lesedistanz über den Kopf. Ein feiner Sandregen rieselt ihm aus den Seiten in die Augen. Er säubert die Zeigefinger, so gut es geht, und reibt vorsichtig die Augendeckel von der Mitte gegen die Nasenwurzel. Sofort fangen die Augen an zu brennen wie nach einer Pfefferspray-Attacke. »Avoid eye contact« hatte auf der wasserfesten Sonnencreme, Faktor 20, gestanden.

»Mami, warum weint der Mann?« hört er ein Stimmlein fragen.

»Vielleicht ist er traurig, daß die Ferien so kurz sind«, antwortet die Mutter.

»Armer Mann«, sagt das Stimmlein.

»Hau ab!« knurrt Huber.

Huber spannt aus (11)

Mit einem Zipfel des Badetuchs versucht Huber, sich den Sand aus den brennenden Augen zu tupfen. Caroline hat ihre geschlossen und macht keine Anstalten, ihm beizustehen.

Dabei trägt sie die Verantwortung. Ohne sie wäre er nicht hier, hätte keinen Sand aus den Augen gerieben und keine Sonnencreme an den Fingern gehabt. Andere Frauen wären längst dabei, die Augen ihrer Männer vorschriftsgemäß mit großen Mengen Wasser gründlich zu spülen. Nicht so Caroline. Sie liegt auf der Strandliege und meidet jede Aufregung.

Mit zusammengekniffenen Augen tastet er nach seinen Schlappen, findet sie nicht und macht sich barfuß auf den Weg zur ›Coco Beach Bar‹. Nach ein paar würdevollen Schritten im glühenden Sand verfällt er in einen lockeren Laufschritt, den Rest der Strecke legt er Haken schlagend von Sonnenschirmschatten zu Sonnenschirmschatten zurück. Mit brennenden Augen und Füßen wartet er, bis die Toilette frei wird.

Im Büro hätte er jetzt die Wahl zwischen drei um diese Jahreszeit praktisch nicht frequentierten Direktionstoiletten.

Nach ein paar Minuten geht die Tür auf. Die junge Frau,

mit der sich der Liegestuhlkassierer so lange unterhalten hat, kommt heraus. Sie wirft ihm einen mißtrauischen Blick zu. Huber erkundigt sich beim Barman nach der Herrentoilette und erfährt, daß es nur diese eine Toilette gibt. Er geht zurück und sieht gerade noch, wie der Liegestuhlkassierer in der Tür verschwindet. Um die Begegnung zu vermeiden – er hat das Portemonnaie auf der Badetasche liegenlassen –, beobachtet er die Toilette aus der Distanz.

Als der junge Mann herauskommt, sieht Huber eine ältere Frau auf die Toilette zusteuern. Er schafft es gerade noch, vor ihr die Tür zu erreichen, und hört sie sagen: »Aha, ein Gentleman.«

Huber dreht den Hahn des Waschbeckens voll auf und schaufelt sich mit beiden Händen Wasser in die offenen Augen. Das Brennen nimmt sofort zu. Salzwasser.

Huber eilt zur Theke. »Trinkwasser!« ruft er dem Barman zu.

»Mit oder ohne Gas?«

Er bestellt eines ohne, trinkt einen Schluck, benetzt unauffällig eine Papierserviette und wäscht sich diskret die Augen aus. Das Brennen läßt nach. Er tänzelt über den heißen Sand zur Liege zurück, Caroline hat sich nicht gerührt.

Das Portemonnaie ist noch dort. Er nimmt es, hüpft zur Bar zurück und bezahlt.

Als er zur Liege zurückkommt, ist Caroline wach.

»Der junge Mann wollte kassieren, aber du mußtest ja das ganze Geld in die Bar mitnehmen.«

Es gelingt Huber, sich wortlos hinzulegen und schlafend zu stellen. Der Schweiß in seinem Körper versucht vergebens, die Schicht wasserfeste Sonnencreme, Faktor 20, zu durchdringen.

Im Büro würde er jetzt eventuell das Jackett ausziehen. Oder die Klimaanlage kühler einstellen.

Huber spannt aus (III)

Wie soll sich eine Schweizer Führungskraft entspannen auf einer Strandliege, deren Miete nicht bezahlt ist? Noch dazu, wenn die Ehefrau auf der Nachbarliege (deren Miete er ebenfalls schuldet) ihn ermahnt, sich endlich zu entspannen.

»Ich bin ja entspannt«, murrt Huber, ohne die Augen zu öffnen.

»Nein, du denkst ans Geschäft. Du bewegst die Zehen.«

Jetzt, wo sie es erwähnt, wird er sich bewußt, daß er die Füße zu Fäusten ballt und zu Füßen streckt, ballt und streckt, ballt und streckt.

»Das tu ich zur Entspannung«, belehrt er Caroline, ohne Hoffnung, daß sie sich mit dieser Erklärung zufriedengeben würde.

»Und weshalb ist dann dein Gesicht so verkniffen?«

Huber merkt, daß er die Augen so fest zugepreßt hat, daß er, falls er tatsächlich einschlafen sollte, mit einem Gesichtsmuskelkater erwachen würde.

»Falls ich schlafe, wenn der Typ die Liegen und den Sonnenschirm kassieren kommt: Das Portemonnaie ist im Außenfach der Badetasche«, sagt er, um das Thema zu wechseln.

»Ach, deshalb«, sagt Caroline.

»Deshalb was?«

»Bist du so verkrampft. Du wartest auf den Strandwächter.«

»Ich warte überhaupt nicht, ich will nur nicht, daß du mich weckst, wenn er kommt. Nur das.«

»Wenn wir schlafen, wenn er kommt, muß er halt später wiederkommen.«

Wir! Sie nimmt also in Kauf, daß sie schläft, wenn der Strandwächter kommt.

Wenn sie sich doch solche Sorgen macht, daß er sich nicht entspannen könne, bis die Miete der Liegen und des Schirms bezahlt ist, warum sagt sie dann nicht »Relax, Schatz, ich kümmere mich um die Sache«?

Wenn Flawiler aus der Finanz anstelle von Caroline neben ihm läge, dann wäre Huber völlig entspannt. Flawiler würde ihn nicht mit Details wie der Abgeltung der Liegenmiete behelligen. Er würde sich zum gegebenen Zeitpunkt darum kümmern und, wie er ihn kennt, sogar noch besonders günstige Konditionen herausholen. Während Huber sich um die wichtigen Aufgaben kümmern könnte. Um seine Entspannung, zum Beispiel.

Oder Hopfer. Wenn Hopfer von der Rechtsabteilung neben ihm läge, würde Huber einschlummern und müßte sich keine Sorgen machen, es könnten Zweifel an der Rechtmäßigkeit seiner Liegenbenutzung aufkommen. Hopfer würde dem Vermieter zum Beispiel klarmachen, daß es sich in diesem Fall um eine Holschuld des *Ver*mieters handle, dessen Anspruch inzwischen allerdings erloschen sei.

Eine Zeitlang läßt ihn der Gedanke an Flawiler und Hopfer beinahe eindösen.

Aber er liegt neben Caroline! Und riskiert, als Strand-liegen-Squatter verhaftet und abgeschoben zu werden!

»Jetzt hast du wieder angefangen, ans Geschäft zu denken«, sagt Caroline. »Ich seh's an deinen Füßen.«

T. C. BOYLE

Grün ist die Hoffnung

Ich hab nie was zu Ende gebracht. Ich bin aus der Pfad-
findergruppe, dem Chor und der Marschkapelle ausge-
treten. Hab aufgehört, Zeitungen auszutragen und in die
Kirche oder zum Basketballtraining zu gehen. Ich hab das
College abgebrochen, bin mit einem 4-F aufgrund man-
gelnder mentaler Belastbarkeit dem Militär entgangen, hab
das Studium wieder aufgenommen, einen Promotionsstu-
diengang (Englische Literatur des 19. Jahrhunderts) belegt,
in der ersten Reihe gesessen, eifrig mitgeschrieben, mir eine
Hornbrille angeschafft und am Vorabend der entscheiden-
den Prüfung beschlossen, nicht hinzugehen. Ich hab ge-
heiratet, mich bald getrennt und wenig später scheiden lassen. Ich hab das Rauchen, das Joggen und den Verzehr von
dunklem Fleisch aufgegeben und jede Menge Jobs hinge-
schmissen: Totengräber, Tankwart, Versicherungsvertreter,
Filmvorführer in einem Pornokino in Boston. Als ich neun-
zehn war, vögelte ich wie verrückt mit einem spitznasigen,
hängebusigen Mädchen, das ich noch von der Highschool
kannte. Das Mädchen wurde schwanger. Ich verließ die
Stadt. So ziemlich das Einzige, bei dem ich durchgehalten
hab, war das Sommerlager.

Und davon will ich Ihnen jetzt erzählen.

Vor zwei Jahren lebte ich allein. Ich wachte allein auf,

putzte mir allein die Zähne, machte irgendwelche Aushilfs-jobs, aß Burritos aus einer Pappschachtel, las die Zeitung, zog mich aus und ging zu Bett, alles allein. Das Universum hatte sich für eine Weile zusammengezogen, und ich lernte, mich darauf einzustellen. Ich war einunddreißig. Ich saß mit Männern, die einundfünfzig, einundsechzig, einundachtzig waren, an der Theke eines Diners, schlürfte Tomatensuppe mit Reis und sah der Bedienung zu. Manchmal aß ich mit Freunden zu Abend, spielte Billard, tanzte in überfüllten dunklen Clubs zu flotten Latino-Rhythmen; manchmal kam ich mir vor wie ein bärtiger, in die Betrachtung einer Steinwüste versunkener Asket.

An diesem besonderen Abend – es war Ende Februar – blieb ich zu Hause und las. Eine japanische Seilschaft wagte den Aufstieg zum Gipfel des K2, meine Lungen brannten in der dünnen Luft, der tödlich kalte Wind jagte mir Eis-kristalle ins Gesicht, als die Nadel des Plattenspielers hän-gen blieb und *Le Sacre du Printemps* mit knirschendem Kreischen auf der Stelle trat, als wäre die ganze Truppe aus Najaden und Dryaden und Satyrn in Elastananzügen unvermittelt erlahmt. Ich sah auf. Regen klopfte an die Fenster wie ein schmierig grinsender Voyeur, das Haus gab kleine Geräusche von sich – das Ächzen des Kühlschrank-motors, das Seufzen der Heizung –, das Feuer knisterte ominös um einen Nagel im brennenden Scheit. In diesem Augenblick, wie auf ein Stichwort, läutete es an der Tür. Es war nach zwölf. Ich warf einen reumütigen Blick auf den Fernseher – bleich geschminkte Zombies schlurften über den Bildschirm und kauten dabei bratwurstartige Ein-geweide –, legte das Buch beiseite, verknotete den Gürtel meines Bademantels und ging zum Kopf der Treppe. Es läutete erneut, insistierend.

Ich wohnte in der Fair Oaks Street, drei Blocks westlich der Mission, in einer Wohnung mit eigenem Aufgang. Es war ein in sechs Farben gestrichenes viktorianisches Haus. Ich hatte vier Zimmer, eine Dachterrasse, einen Flur und eine schöne Aussicht. Bevor die Sprechanlage ihren Geist aufgegeben hatte, war das Signal so leise und verrauscht gewesen, dass ich nicht mal die Stimme meiner Mutter erkannt hätte – ebenso wenig übrigens wie Screamin' Jay Hawkins' *I Put a Spell On You*. Ich stand am Kopf der Treppe, drückte, eher neugierig als besorgt, auf den Knopf für den Öffner und sah drei Schatten aus der Nässe dort draußen hereinschlüpfen.

Ein Blitz zuckte, Hörner und Geigen kreischten wie eine Alarmsirene ein ums andere Mal denselben gequälten slawischen Ton, und die drei Gestalten polterten *bumm-bumm-bumm* die Treppe herauf. Für einen bösen Augenblick wich ich zurück und verfluchte mich, weil ich sie so vertrauensselig reingelassen hatte – schattenhafte Gestalten, Fremde, Junkies, mexikanische Betrüger –, doch dann sah ich zu meiner Erleichterung, dass es Vogelsang war. »Felix«, sagte er.

»Hey«, antwortete ich.

Er hatte eine junge Frau dabei, ihr Haar war so kurz wie das einer ostdeutschen Schwimmerin und weißblond gebleicht. Drei Stufen hinter ihr ging ein Typ Ende zwanzig in Gummistiefeln und einem gelben Regenmantel, von dem im trüben Licht des Treppenhauses ein eigenartig phosphoreszierendes Leuchten ausging. Alle drei sahen aus, als wären sie vier-, fünfmal von der Bay Bridge gesprungen: Die Nasen trieften, das Haar klebte am Schädel, Kragen und Schuhe waren klatschnass. Vogelsang grinste sein Psychopathengrinsen. »Lange her«, sagte er und klopfte mir auf die Schulter.

Genauer gesagt: zwei Monate. Vogelsang lebte in herrlicher Abgeschiedenheit in den Bergen oberhalb von Bolinas, wo er ruchlose Geschäfte machte, diverse Perversionen pflegte und Elektrowerkzeug, Holzschnitzereien, gestreifte Barbershop-Stangen sowie kistenweise trockenen Rotwein von obskuren kleinen Weingütern mit Namen wie Ziegenknie oder Sangre de Cristo sammelte. Desgleichen sammelte er antike Motorräder, Kupfertöpfe, Espressomaschinen, so groß wie Kirchenorgeln, geschlechtslose Schaufensterpuppen aus den Fünfzigern (die er bemalte, lackierte und in verblüffenden, obszönen Posen im Haus in Szene setzte), Messer mit Horngriff, tahitische Fischernetze und eine Reihe düster-verkrampfter Ölgemälde mit religiösen Sujets wie der Enthauptung Johannes des Täufers oder den masochistischen Ekstasen von Flagellanten. Alle paar Wochen kam er nach San Francisco, um in Trödelläden zu stöbern, am North Beach herumzuhängen und sich in wilde Partnertauschpartys in Berkeley zu stürzen. Norman Mailer hätte ihn geliebt.

In diesem Augenblick schob er die Frau in den Vordergrund. Ich bemerkte, dass in ihrem rechten Nasenflügel ein dünner Silberring steckte und ihre Zehennägel schwarz lackiert waren. »Das ist Aorta«, sagte Vogelsang. Ich hatte sie gleich eingeordnet: College-Punk-Studentin. Vermutlich stammte sie aus Pacific Heights und hieß in Wirklichkeit

Jennifer Harris oder Heather Mashberg. Sie gab mir den harten Blick und streckte die Hand aus, die nass und kalt war wie etwas, das man aus einem Teich gezogen hat. Ich neigte den Kopf und verzog die Mundwinkel.

»Und das«, sagte Vogelsang und wies auf die Gestalt mit Regenmantel drei Stufen unter ihm, »ist Boyd Dowst, ein Freund von mir aus Santa Rosa.«

Daraufhin geriet der Regenmantel in Bewegung, und eine große, knochige Hand wurde über das Treppengeländer gestreckt und ergriff meine. Ich starrte in das Gesicht eines Yankee-Bauern: eckig, mit großen Ohren und Augen, deren Farbe an Stromisolatoren denken ließ. »Ich wohne jetzt in Sausolito«, sagte er und strich sich mit der freien Hand das tropfende Haar aus dem Gesicht. Die andere, freundliche Hand vollführte noch immer pumpende Bewegungen, als erwartete er, dass aus meinen Fingerspitzen Milch oder so spritzte.

Ich war barfuß, mein Bademantel war schmuddelig, die hängende Nadel des Plattenspielers bearbeitete meine Nerven wie eine Baumsäge. Ich bat sie herein.

Vogelsang trat ins Wohnzimmer, zog die nasse Jacke aus und hängte sie über die Lehne eines Stuhls. Seine Bewegungen waren wie immer rasch und nervös wie die einer Wildkatze, die auf die kleinste Regung, das leiseste Knistern reagiert. Er roch nach Regen, aber da war noch ein anderes Aroma, eine dunkle, urtümliche Ausdünstung. Es dauerte einen Moment, bis ich begriff: Er roch nach Sex. Als er die Jacke zu seiner Befriedigung arrangiert hatte, wandte er sich mir zu, um dieses und jenes zu erläutern, wobei er kurz innehielt, ein Mundspray aus der Tasche zog, zweimal auf den Knopf drückte und dann mit seinem Monolog fortfuhr, in dem er seine neuesten Erwerbungen beschrieb, die baulichen Veränderungen auf seinem Besitz in Bolinas erwähnte, kurz auf die Fortschritte seiner Investitionen in den Rohstoffmarkt einging und schließlich eine ebenso saftige wie detaillierte Schilderung der urbanen Orgie zum Besten gab, an der er und Aorta früher am Abend teilgenommen hatten. Und wie immer sprach er mit einer eigentümlich mechanischen Diktion, jedes Wort deutlich abgesetzt und unverschliffen, als wäre er ein Professor für Linguistik, der eine Podiumsdiskussion über die Zukunft der Sprache leitete.

Ich machte mich in der Wohnung zu schaffen, hörte mit halbem Ohr zu, legte eine andere Platte auf, stellte den Fernseher leiser und kramte einen Aschenbecher, vier Flaschen Bier und ein Plastiktütchen mit Gras hervor. Vogelsang folgte mir auf Schritt und Tritt und hielt seinen Vortrag. Dowst und die Frau setzten sich auf das Sofa. Das Tütchen lag kaum auf dem Tisch, da griff Dowst danach, öffnete es und roch daran – oder vielmehr: Er sog den Geruch ein wie einer, der nach einem langen Tauchgang an die Oberfläche kommt –, woraufhin er verächtlich das Gesicht verzog und das Tütchen auf den Tisch warf, als enthielte es etwas unaussprechlich Widerwärtiges, Hundescheiße vielleicht oder verfaulende Spatzeneier. Ich sah es aus dem Augenwinkel, als ich die Strawinsky-Platte in ihre Hülle schob.

»Boyd hat in Yale gerade seinen Master gemacht«, sagte Vogelsang, ließ sich auf der Armlehne des Sofas nieder und trank zur dramatischen Unterstreichung des Gesagten einen Schluck Bier. »In Botanik.«

Ich zog einen Sessel heran. »Gratuliere«, murmelte ich, warf Dowst einen Blick zu und wechselte abrupt das Thema – wer interessierte sich schon für irgendein Riesenbaby, das an einer Elite-Uni akademische Lorbeeren gesammelt hatte? Solche Geschichten kannte ich zur Genüge. Ich sagte was über den Regen und machte einen schlechten Witz über das Niveau der Lustbarkeiten auf Vogelsangs Party.

»Du kapierst nicht«, beharrte Vogelsang. »*Botanik*. Er kann alles wachsen lassen, überall.«

Ich nickte. Die Frau musterte mich, als wäre ich ein Sandwich in der Auslage eines Deli, und Dowst blätterte mit zusammengekniffenen Augen in einer Ausgabe von *Scientific American,* die er aus einem Stapel auf dem Boden gezogen hatte. Aus dem Fernseher ertönten gedämpfte Schreie. Ich blickte auf und sah die Heldin, gefangen in einem aus dünnen Gipsplatten gebauten Flur, während die behaarten Arme der Zombies – ich staunte über ihre Unersättlichkeit – durch die Wände stießen und nach ihr grapschten.

Vogelsang stellte das Bier ab, fischte das Mundspray aus der Tasche und verpasste sich eine Dosis – der feine, seifige Sprühnebel hing in der Luft wie eine Atemwolke an einem kalten Morgen. »Ich hab heute dreihundertfünfzig Morgen Land in Mendocino County gekauft«, sagte er. »So abgelegen wie der Mond, mit einer Hütte drauf.«

Dowst sah von seiner Lektüre auf. »Und ganzjährig Wasser.« Ich stellte fest, dass er sich nicht die Mühe gemacht hatte, den Regenmantel auszuziehen, der sich um ihn bauschte wie ein Kunststoffzelt, wie ein feucht schimmernder gelber, am Hals geschlossener Friseurumhang. Er versuchte vergeblich, eine nasse Strähne beiseitezustreichen, die neben seiner Nase hing, und wandte sich wieder der Zeitschrift zu.

»Genau«, sagte Vogelsang. »Mit einem Bach und zwei Quellen.«

Es war halb eins. Ich hatte die *Frühlingsweihe* gehört, es regnete, ich war müde. Ich fragte mich, worauf Vogelsang eigentlich hinauswollte. »Klingt nett«, sagte ich.

»Wir werden ein Sommerlager eröffnen.« Er grinste schief, als wäre dies die Pointe eines subtil aufgebauten Witzes. Dowst lachte in sich hinein. Die Frau saß zusammengesunken vor ihrer unberührten Flasche Moosehead Lager und starrte durch die Wand. Ich stand auf und schaltete das Radio ein.

Das unvermittelte dumpfe Dröhnen einer leisen Basstrommel, ein bisschen kreischendes Metall und dann eine eigenartig distanzierte weibliche Stimme, die wie Eis aus den Lautsprechern kam:

> *The best things in life are free*
> *But you can save them for the birds and bees,*
> *Give me money, that's what I want …*

»Hör mal, Felix«, sagte Vogelsang, »wie fändest du es, eine halbe Million zu verdienen, steuerfrei?«

Ich setzte mich wieder. Alle drei sahen mich an. »Du machst Witze«, sagte ich.

»Ich meine es todernst.« Vogelsang sah mich mit dem Charles-Manson-Blick an, den er aufsetzte, wenn er vermitteln wollte, dass er es todernst meinte.

»Was«, sagte ich, beugte mich vor und griff nach meinem Bier, »mit einem Sommerlager?«

»Mit *Cannabis sativa*«, sagte Dowst so leise, als spräche er einen der geheimen Namen Gottes aus.

»Wir pflanzen zweitausend Setzlinge.« Vogelsang starrte auf das Mundspray-Fläschchen, als wäre es mit den Hieroglyphen wirtschaftlicher Kalkulationen beschriftet, mit Kosten-Nutzen-Tabellen und Staffeltarifen für Wertverfall und unversicherten Verlust. Er sah auf. »Rechnen wir ein halbes Pfund pro Pflanze. Das macht tausend Pfund à sechzehnhundert Dollar.« Er hob das Fläschchen an den Mund und klappte das Kinn hinunter, überlegte es sich jedoch anders. Ich sagte nichts. Das Kunststoffventil tippte hypnotisierend im Takt der Musik an seine gespitzten Lippen. »Ich stelle das Kapital und das Land, Boyd kommt alle paar Tage vorbei und sieht nach dem Rechten, und du bist die Arbeitskraft. Wir teilen durch drei.«

Mit einem Mal war ich hellwach, Gehirnzellen pulsierten wie die Freispielanzeige eines Flippers. Vogelsang machte keine Fehler – das wusste ich. Ich wusste auch, dass er einen genialen Riecher für lukrative Geschäfte hatte, denn ich hatte bei zwei glücklichen Gelegenheiten davon profitiert. (Beim ersten Mal gingen wir eine Partnerschaft ein, kauften ein heruntergekommenes viktorianisches Haus in Haight Ashbury, zahlten dreitausend der vereinbarten zwanzigtausend Dollar an, steckten fünfzehntausend in die Renovierung und verkauften es für hunderttausend. Beim zweiten Mal rief er einfach an, gab mir den Namen eines Brokers und sagte, ich solle so viel Zirkon wie möglich kaufen. Ich hatte achttausend Dollar auf der Bank und keinen Job. In einer Woche verdiente ich mehr als im ganzen Jahr zuvor.) Nein: Wenn Vogelsang dahinterstand, würde die Sache laufen. So sicher, wie Segovia für die Gitarre oder Willie Mays für den Baseballschläger geboren war, so war Vogelsang dafür geboren, Pennys zu säen und Dollars zu ernten. Mit dreiunddreißig war er bereits nicht mehr auf eine sichtbare Erwerbstätigkeit angewiesen – seit ich ihn kannte, hatte er nie einen Job gehabt. Stattdessen fand er Investitionsmöglichkeiten, trieb Handel mit legalen wie illegalen Waren, kaufte und verkaufte Häuser und Grundstücke und Gott weiß, was sonst noch, und das alles mit dem unerschütterlichen Selbstvertrauen und Killerinstinkt eines angehenden Gould oder Carnegie.

Und sein Timing war unübertroffen, das muss ich zugeben. Er kam genau im rechten Moment: Meine Scheidung war eineinhalb Jahre her, ich war rastlos und deprimiert und begann mich zu fühlen wie ein Gefangener in Einzelhaft. Eine halbe Million. Es war, als hätte der Chef der NASA mich gefragt, ob ich der erste Mensch auf dem Mars sein wolle. Die Sache hatte ihre Risiken, keine Frage, aber das machte das Projekt nur umso verlockender – es ging um Nervenkitzel, Kühnheit und die Gelegenheit, der Gesellschaft ins Gesicht zu pinkeln. Vogelsang schwebten nicht hundert oder hundertfünfzig Pflanzen vor, er wollte sich nicht mit fünfzehn- oder zwanzigtausend Dollar begnügen – nein, er wollte Marihuana anbauen, wie Reynolds Tabak anbaute. Mein Kreislauf war inzwischen in Schwung gekommen. Als ich in die drei erwartungsvollen Gesichter sah, war ich schon halb entschlossen.

»Ich hab keine Ahnung, wie man Gras anbaut«, sagte ich schließlich.

Darauf war Vogelsang vorbereitet. »Brauchst du auch nicht«, sagte er und erhob sich von der Armlehne. »Das ist Boyds Abteilung.«

»Zweitausend Pflanzen … kriegt einer allein das hin?«

»Auf keinen Fall«, sagte Dowst und raschelte mit dem Regenmantel.

»Du wirst wahrscheinlich zwei Vollzeitkräfte brauchen, die dir helfen«, fuhr Vogelsang fort. »Wer die sind und was du ihnen zahlst, bleibt dir überlassen. Du kannst ihnen ein festes Gehalt oder einen Anteil an deinen fünfhunderttausend geben. Aber was auch immer – sie müssen bereit sein, die nächsten neun Monate ihres Lebens zu opfern, und vor allem müssen sie« – er hielt inne und suchte das rechte Wort – »diskret sein.«

Der Regen prasselte auf das Dach wie Pennys, die eiskalte Stimme im Radio sang *Money, give me money, Money, give me money.* Aus irgendeinem Grund waren wir alle aufgestanden. Dowst und Vogelsang grinsten, und das Gesicht der Frau war etwas weicher geworden und hatte einen Ausdruck angenommen, den ich als eine Art wilder Freundlichkeit deutete.

»Was ist mit deinem Freund in Tahoe?«, sagte Vogelsang, als hätte er eine spontane Eingebung (und in diesem Augenblick wurde mir klar, dass er die ganze Zeit mit mir gespielt hatte wie ein Marktschreier, wie ein Anreißer auf dem Jahrmarkt, der seine Masche durchzog). »Wie heißt der noch …« (Er kannte den Namen so gut wie ich.) »Cherniske?«

»Phil«, sagte ich, halb zu mir selbst. »Ja, Phil«, als hätte ich gerade die Lösung eines äußerst schwierigen Rätsels entdeckt.

Vogelsang nahm meine Hand und schüttelte sie gratulierend, Dowst zeigte all seine langen, schimmernden Zähne, und die Frau kämpfte mit dem Impuls, die Mundwinkel nach oben zu ziehen. Ich fühlte mich, als wäre ich gerade von einer Weltumsegelung zurückgekehrt oder hätte den amtierenden Wimbledon-Champion geschlagen. Ich sagte nicht ja, ich sagte nicht nein, doch Vogelsang erhob bereits die halb geleerte Flasche Moosehead und brachte einen Toast aus.

Er hatte mir den Arm um die Schultern gelegt, auf dem Bildschirm wurden die Zombies von den Helden mit Granaten beworfen und zerlegt, die kalte Stimme sang mir *Money* ins Ohr, der Duft von Moschus, von Empfängnis, von Samen und dem dunklen Aroma der Erde stieg mir in die Nase, und dann riss er die Hand, mit der er die Bierflasche umklammerte, ganz hoch und rief wie ein Zeugnis ablegender Erweckungsprediger: »Auf das Sommerlager!«

Tschick

M ein Arm hing aus dem Fenster, mein Kopf lag auf meinem Arm. Wir fuhren Tempo 30 zwischen Wiesen und Feldern hindurch, über denen langsam die Sonne aufging, irgendwo hinter Rahnsdorf, und es war das Schönste und Seltsamste, was ich je erlebt habe. Was daran seltsam war, ist schwer zu sagen, denn es war ja nur eine Autofahrt, und ich war schon oft Auto gefahren. Aber es ist eben ein Unterschied, ob man dabei neben Erwachsenen sitzt, die über Waschbeton und Angela Merkel reden, oder ob sie eben nicht da sitzen und niemand redet. Tschick hatte sich auf seiner Seite auch aus dem Fenster gehängt und steuerte den Wagen mit der rechten Hand eine kleine Anhöhe hinauf. Es war, als ob der Lada von alleine durch die Felder fuhr, es war ein ganz anderes Fahren, eine andere Welt. Alles war größer, die Farben satter, die Geräusche Dolby Surround, und ich hätte mich, ehrlich gesagt, nicht gewundert, wenn auf einmal Tony Soprano, ein Dinosaurier oder ein Raumschiff vor uns aufgetaucht wäre.

Wir waren auf dem direktesten Weg aus Berlin rausgefahren, den Frühverkehr hinter uns lassend, und steuerten durch die Vororte und über abgelegene Wege und einsame Landstraßen. Wobei sich als Erstes bemerkbar machte, dass wir keine Landkarte hatten. Nur einen Straßenplan von Berlin.

»Landkarten sind für Muschis«, sagte Tschick, und da hatte er logisch recht. Aber wie man es bis in die Walachei schaffen sollte, wenn man nicht mal wusste, wo Rahnsdorf ist, deutete sich da als Problem schon mal an. Wir fuhren deshalb erst mal Richtung Süden. Die Walachei liegt nämlich in Rumänien, und Rumänien ist im Süden.

Das nächste Problem war, dass wir nicht wussten, wo Süden ist. Schon am Vormittag zogen schwere Gewitterwolken auf, und man sah keine Sonne mehr. Draußen waren mindestens vierzig Grad. Es war noch heißer und schwüler als am Tag davor.

Ich hatte diesen kleinen Kompass am Schlüsselbund, der mal aus einem Kaugummiautomaten gekommen war, aber in dem Auto zeigte er irgendwie nicht nach Süden, und auch draußen zeigte er, wohin er wollte. Wir hielten extra an, um das rauszufinden, und als ich wieder in den Wagen stieg, merkte ich, dass unter meiner Fußmatte etwas lag – eine Musikkassette. Sie hieß *The Solid Gold Collection von Richard Clayderman,* und es war eigentlich keine Musik, eher so Klaviergeklimper, Mozart. Aber wir hatten ja nichts anderes, und weil wir auch nicht wussten, was da vielleicht noch drauf war, hörten wir das erst mal. Fünfundvierzig Minuten. Alter Finne. Wobei ich zugeben muss: Nachdem wir ausreichend gekotzt hatten über *Rieschah* und sein Klavier, hörten wir auch die andere Seite, wo genau das Gleiche drauf war, und es war immer noch besser als nichts. Im Ernst, ich hab's Tschick nicht gesagt, und ich sag's auch jetzt nicht gern: Aber diese Moll-Scheiße zog mir komplett den Stecker. Ich musste immer an Tatjana denken und wie sie mich angeguckt hatte, als ich ihr die Zeichnung geschenkt hatte, und dann kachelten wir mit »Ballade pour Adeline« über die Autobahn.

Tatsächlich hatten wir uns irgendwie auf den Autobahnzubringer verirrt, und Tschick, der zwar einigermaßen fahren konnte, aber so was wie deutsche Autobahn auch noch nicht erlebt hatte, war wild am Rumkurbeln. Als er sich unten einfädeln sollte, legte er eine Vollbremsung hin, gab wieder Gas, bremste noch mal und eierte im Schritttempo auf die Standspur, bevor er es endlich nach links rüberschaffte. Zum Glück rammte uns niemand. Ich hielt die Füße mit aller Kraft vorne gegengestemmt, ich dachte, wenn wir jetzt sterben, liegt das an Rieschah und seinem Klavier. Aber wir starben nicht. Das Geklimper setzte zu immer neuen Höhenflügen an, und wir einigten uns darauf, nach der nächsten Ausfahrt nur noch kleine Straßen und Feldwege zu fahren. Ein Problem war auch: Auf der Autobahn war links neben uns ein Mann im schwarzen Mercedes aufgetaucht und hatte zu uns reingeguckt und wie wild Handzeichen gemacht. Er hatte irgendwelche Zahlen mit den Fingern angedeutet und sein Handy hochgehalten und so getan, als ob er sich unser Kennzeichen aufschreiben würde. Mir ging wahnsinnig die Muffe, aber Tschick zuckte einfach die Schultern und tat so, als wäre er dem Mann *dankbar*, dass er uns darauf aufmerksam machte, dass wir noch mit Licht fuhren, und dann hatten wir ihn im Verkehr verloren.

Tatsächlich sah Tschick ein bisschen älter aus als vierzehn. Aber keinesfalls wie achtzehn. Wobei wir ja auch nicht wussten, wie er in voller Fahrt durch die verschmierten Scheiben aussah. Um das zu testen, machten wir auf einem abgelegenen Feldweg erst mal ein paar Versuche. Ich stellte mich an den Straßenrand, und Tschick musste zwanzigmal an mir vorbeifahren, damit ich gucken konnte, wie er am erwachsensten rüberkam. Er legte beide Schlafsäcke als Kissen auf den Fahrersitz, setzte meine Sonnenbrille wieder auf, schob sie ins Haar, steckte eine Zigarette in seinen Mundwinkel und klebte sich zuletzt ein paar Stücke schwarzes Isolierband ins Gesicht, um einen Kevin-Kurányi-Bart zu simulieren. Er sah allerdings nicht aus wie Kevin Kurányi, sondern wie ein Vierzehnjähriger, der sich Isolierband ins Gesicht geklebt hat. Am Ende riss er alles wieder runter und pappte sich einen kleinen, quadratischen Klebestreifen unter die Nase. Damit sah er aus wie Hitler, aber das wirkte aus einiger Entfernung tatsächlich am besten. Und weil wir eh in Brandenburg waren, konnte das auch keine politischen Konflikte geben.

Nur das Problem mit der Orientierung blieb. Dresden war mal ausgeschildert. Dresden lag ziemlich sicher im Süden, und da nahmen wir erst mal diese Richtung. Aber wenn wir die Wahl hatten zwischen zwei Wegen, fuhren wir nach Möglichkeit den kleineren mit weniger Autos, und da gab es dann bald immer weniger Wegweiser, und die zeigten immer nur bis zum nächsten Dorf und nicht nach Dresden. Geht es nach Burig Richtung Süden oder nach Freienbink? Wir warfen eine Münze. Tschick fand das mit der Münze toll und sagte, wir fahren jetzt nur noch nach Münze. Kopf für rechts, Zahl für links, und wenn sie auf dem Rand liegen bleibt, geradeaus. Die Münze blieb logischerweise nie auf dem Rand liegen, und wir kamen überhaupt nicht mehr voran. Deshalb gaben wir das mit der Münze bald wieder auf und fuhren immer rechts-links-rechts-links, was ich vorgeschlagen hatte, aber das war auch nicht besser. Man sollte meinen, wenn man immer abwechselnd rechts und links fährt, könnte man nicht im Kreis fahren, aber wir schafften es. Als wir zum dritten Mal an einem Wegweiser standen, wo es links nach Markgrafpieske und rechts nach Spreenhagen ging, kam Tschick auf die Idee, nur noch Orte anzusteuern, die mit M oder T anfingen. Aber davon gab es eindeutig zu wenig. Ich schlug vor, nur noch Orte mit einer Primzahl als Kilometerstand zu nehmen, aber bei *Bad Freienwalde 51 km* bogen wir gleich falsch ab, und als uns das auffiel (drei mal siebzehn), waren wir schon wieder sonst wo.

Endlich kam die Sonne durch. In einem Maisfeld gabelte sich der Weg. Nach schräg links ging es endlos auf Kopfsteinpflaster, nach rechts endlos auf Sand. Wir stritten, welcher Weg mehr nach Süden zeigte. Die Sonne stand nicht ganz in der Mitte. Es war kurz vor elf.

»Süden ist da«, sagte Tschick.

»Da ist Osten.«

Wir stiegen aus und aßen ein paar Schokoladenkekse, die schon zur Hälfte geschmolzen waren. Die Insekten im Maisfeld machten einen ungeheuren Krach.

»Du weißt schon, dass man mit einer Uhr die Himmelsrichtung bestimmen kann?« Tschick nahm seine Uhr ab. Ein altes, russisches Modell, noch zum Aufziehen. Er hielt sie zwischen uns hin, aber ich wusste nicht, wie das gehen sollte, und er wusste es auch nicht. Man musste wohl irgendwie einen Zeiger auf die Sonne richten, und dann zeigte der andere nach Norden oder so. Aber um kurz vor elf zeigten beide Zeiger auf die Sonne, da war also schon mal eindeutig nicht Norden.

»Vielleicht zeigt er auch nach Süden«, sagte Tschick.

»Und um halb zwölf ist Süden dann da?«

»Oder es ist wegen Sommerzeit. Im Sommer funktioniert es nicht. Ich dreh mal eine Stunde zurück.«

»Und was soll das ändern? In einer Stunde wandert der Zeiger einmal rum. Die Himmelsrichtung dreht sich doch nicht dauernd.«

»Aber wenn der Kompass sich dreht – vielleicht ist es ein Kreiselkompass.«

»Ein Kreiselkompass!«

»Hast du noch nie vom Kreiselkompass gehört?«

»Ein Kreiselkompass hat aber nichts mit Kreiseln zu tun. Der kreiselt nicht«, sagte ich. »Der hat was mit Alkohol zu tun. Da ist Alkohol drin.«

»Du verarschst mich.«

»Das weiß ich aus einem Buch, wo die auf dem Schiff kentern, und dann bricht ein Matrose den Kompass auf, weil er Alkoholiker ist, woraufhin sie komplett die Orientierung verlieren.«

»Hört sich nicht gerade wie ein Fachbuch an.«

»Stimmt aber. Das Buch hieß, glaube ich, *Der Seebär*. Oder *Der Seewolf*.«

»Du meinst *Steppenwolf*. Da geht es auch um Drogen. So was liest mein Bruder.«

»Steppenwolf ist zufällig eine *Band*«, sagte ich.

»Also, ich würde sagen, wenn wir nicht genau wissen,

33

wo Süden ist, fahren wir einfach Sandpiste«, sagte Tschick und band die Uhr wieder um. »Da ist weniger los.«

Und wie immer hatte er recht. Es war eine gute Entscheidung. Eine Stunde lang begegnete uns kein Auto mehr. Wir waren jetzt irgendwo, wo es nicht mal mehr Häuser am Horizont gab. Auf einem Feld lagen Kürbisse, so groß wie Medizinbälle.

Wind kam auf, der Wind legte sich wieder. Erneut verschwand die Sonne hinter dunklen Wolken, und zwei Regentropfen fielen auf die Windschutzscheibe. Die Tropfen waren so groß, dass fast die ganze Scheibe nass wurde. Tschick fuhr schneller, hohe Bäume bogen sich unter dem Wind, und plötzlich zerrte eine Böe unser Auto fast auf die andere Straßenseite. Tschick bog in einen holprigen Feldweg zwischen zwei Weizenfeldern ein. Das Klaviergeklimper wurde dramatisch, und nach einem Kilometer hörte der Weg mitten im Feld auf.

»Ich fahr doch jetzt nicht zurück«, sagte Tschick und rumpelte, ohne zu bremsen, geradeaus. Die Halme prasselten auf das Blech und gegen die Türen. Tschick ließ den Wagen im Weizenfeld ausrollen, schaltete runter und gab Gas. Der Motor zog langsam an, und wie ein Schneepflug teilte die Kühlerhaube das Meer aus gelbem Weizen. Obwohl der Lada seltsame Geräusche machte, schaffte er den Acker fast mühelos. Nur die Orientierung war schwierig, man konnte nicht richtig über die Halme hinaussehen. Kein Horizont. Ein dritter Regentropfen fiel auf unsere Scheibe. Das Feld ging leicht bergauf. Wir fuhren kleine Kurven und Schnörkel und stießen auf eine Schneise, die wir eine Minute zuvor selbst gepflügt hatten. Ich schlug vor, Tschick sollte versuchen, unsere Namen in den Weizen zu schreiben, sodass man sie von einem Hubschrauber aus lesen konnte oder später bei Google Earth. Schon beim Querbalken vom T verloren wir die Übersicht. Wir fuhren einfach nur herum, krochen immer weiter einen Hügel hinauf, und als wir ganz oben waren, war das Feld plötzlich zu Ende. Tschick bremste in letzter Sekunde. Mit der hinteren Hälfte standen wir noch im Korn, mit der Schnauze guckte der Lada in die Landschaft hinaus. Sattgrün und steil abfallend erstreckte sich eine Kuhweide vor uns und gab den Blick frei auf endlose Felder, Baumgruppen und kleine Straßen, Hügel und Hügelketten und Berge und Wiesen und Wald. Auf dem Horizont türmten sich die Wolken. Man sah Wetterleuchten über einem fernen Kirchturm, aber es war totenstill. Der vierte Regentropfen klatschte auf die Scheibe. Tschick stellte den Motor ab. Ich drehte Clayderman aus.

Minutenlang schauten wir einfach nur. Kleinere, hellere Wolken flogen unter den schwarzen hindurch. Blaugraue Schleier liefen über die entfernten Hügelketten, über die näheren Hügelketten. Die Wolken hoben sich und kamen wie eine Walze auf uns zu.

»*Independence Day*«, sagte Tschick.

Wir holten Brot, Cola und Marmelade raus, und während wir noch damit beschäftigt waren, ein Picknick in unserem Auto aufzubauen, wurde es finster. Es war früher Nachmittag, aber es wurde finster wie die Nacht. Kurz danach sah ich, wie auf einer Weide eine Kuh umfiel. Ich dachte erst, ich hätte mich getäuscht, aber Tschick hatte es auch gesehen. Alle anderen Kühe hatten sich mit dem Arsch in den

Wind gedreht, aber die eine war einfach umgekippt. Und dann hörte der Wind so plötzlich auf, wie er gekommen war. Eine Minute passierte nichts, man konnte jetzt nicht mal mehr die Aufschrift auf der Cola-Flasche lesen. Dann klatschte ein Eimer Wasser auf unsere Frontscheibe, und es kam runter wie eine Wand.

Stundenlang. Es krachte und donnerte und goss. Ein armdicker Ast mit Laub dran flog durchs Tal, als ob ein Kind Drachen steigen ließ. Als am Abend der Regen endlich aufhörte und wir aus dem Wagen kletterten, war das ganze Weizenfeld platt, und die Wiesen vor uns hatten sich in Sumpf verwandelt. Es war unmöglich weiterzufahren, wir wären stecken geblieben. Und deshalb verbrachten wir unsere erste Nacht auf dem Hügel, auf den Autositzen schlafend. Wahnsinnig bequem war das nicht, aber wir hatten auch keine großen Alternativen in dem Schlamm da draußen.

Der Spaziergang von
Rostock nach Syrakus

*– Heute wäre die Geschichte einfach zu erzählen, un-
gefähr so:*

In der Mitte seines Lebens, im Sommer 1981, beschließt der
Kellner Paul Gompitz aus Rostock, nach Syrakus auf der
Insel Sizilien zu reisen. Der Weg nach Italien ist versperrt
durch die höchste und ärgerlichste Grenze der Welt, und
Gompitz ahnt noch keine List, sie zu durchbrechen. Er
weiß nur, dass er Mauern und Drähte zweimal überwinden
muss, denn er will, wenn das Abenteuer gelingen sollte, auf
jeden Fall nach Rostock zurückkehren.

An einem wolkenarmen Augustabend im Hafen von
Wolgast auf der »Seebad Ahlbeck«, einem Schiff der Weißen Flotte, fällt der Entschluss, dem Fernweh endlich nach-
zugeben und das Land, um bleiben zu können, einmal zu
verlassen. Gompitz ist müde, er hat den ganzen Tag die Urlauber zwischen Rügen und Usedom bedient mit Kaffee,
Bier, Bockwurst, Käsekuchen. Die Abrechnung ist fertig,
die Tische sind gewischt, er schaut auf das Wasser, Feier-
abend. Alles ist wie immer, nur im Kopf eine stürmische
Klarheit.

»Ja!«, sagt er laut, geht in seine Kabine im Vorschiff,

packt die schmutzige Wäsche in einen Koffer, verabschiedet sich beim Kapitän, läuft durch den Hafen und steigt in sein Auto. Nach drei Wochen Arbeit drei Tage Pause, die Frau wartet in Rostock, genug Trinkgeld in der Tasche, der Tank ist voll, es ist alles geregelt. Er verdient so gut, dass er nach fünf Monaten Saison im Winter nicht arbeiten muss, besser als ihm geht es nicht vielen. Er biegt auf die Fernstraße 111 Richtung Demmin ein. Ja, du brauchst ein Ziel, sagt er sich, Italien muss jetzt sein! Drei Jahre vielleicht, dann bist du in Syrakus!

Die Ruhetage zu Hause, die Frau, ausschlafen, die Freunde, er freut sich darauf, in Rostock wieder im Mittelpunkt zu stehen, viel zu erzählen und von den Geschichten zu zehren, die er auf der »Seebad Ahlbeck« gehört hat. Es ist seine erste Saison als Kellner auf einem Schiff, jahrelang haben ihm die Kaderleiter nicht erlauben wollen, auf See zu arbeiten. Nun hat er es geschafft und ist verantwortlich für die gastronomische Betreuung der Fahrgäste und der Mannschaft, er ist akzeptiert und beliebt, sitzt an den Quellen des Alkohols, und doch fehlt ihm etwas. Die Offiziere und Matrosen, die einen Sommer lang die Ausflugsschiffe um Rügen herum und über den Greifswalder Bodden schieben, sind fast alle einmal draußen gewesen: einer als Dritter Offizier auf der »Völkerfreundschaft« bis Kuba und Südamerika, einer kennt die asiatischen Häfen und die Mädchen dazu, einer hat als Steuermann bei der Fischerei die Stürme vor Labrador im Nordatlantik mitgemacht, vom Mittelmeer sprechen sie, als sei es die Wismarer Bucht. Für die Weltmeere ausgebildet, schippern sie nun lustlos die Urlauber durch die Boddengewässer, weil man ihnen die Seefahrtsbücher genommen hat aus lächerlichsten Gründen, Verwandte im Westen, von denen sie sich nicht lossagen wollten, oder eine unpassende Meinung geäußert oder den Sicherheitsorganen nicht zuverlässig genug, jeder Seemann ein möglicher Flüchtling. Man hat sie zum Küstenschutz, zur Baggerei oder zur Binnenschifffahrt abgeschoben, allein vier welterfahrene Seeleute auf der kleinen »Seebad Ahlbeck«, wo sie abends, wenn das Schiff festgemacht ist, um den Tisch sitzen und bei Bier und Wodka ihre Geschichten auspacken, aus denen Gompitz immer wieder den größten Stolz heraushört, der in seinem Land zu haben ist: Wir haben was erlebt, wir waren mal draußen!

Er hat nichts zu erzählen. Er liebt die geistigen Abenteuer, sein Idol heißt Bloch und ist ein Philosoph, damit kann er hier nicht kommen. Mit Vollbart und Brille muss er sowieso aufpassen, nicht als der verlacht zu werden, der er auch ist, ein abgestürzter Intellektueller. Mit Frauengeschichten protzen, das kann er. Mit der einen oder anderen Schnurre aus seinem Leben, aber was ist schon sein Leben! Maschinenschlosser, von der Werkbank in die Schule geschickt, weil man aus dem Arbeiterkind einen Richter machen wollte, vor dem ersten Semester Jura schon verstoßen, weil er sich weigerte, jederzeit die Deutsche Demokratische Republik mit der Waffe in der Hand zu verteidigen, dann Verkäufer Gompitz, Fremdenführer Gompitz, Aushilfskellner Gompitz. Aus Sachsen an die Ostsee gezogen, weil an der Küste leichter Geld zu verdienen ist mit Bestellblock und Tablett auf den Trampelpfaden zwischen Küche und Theke und Tisch 11 bis Tisch 20. Jahrelang versucht, als Seemann anzuheuern, alle Bewerbungen abgelehnt. Zur Armee gegangen, sich schinden lassen und gedient, trotzdem neue Absagen. Selbst bei der Fischerei, deren Matrosen im westlichen Ausland ohnehin nicht an Land kommen, hat man auf den gelernten Maschinenschlosser verzichtet. In Warnemünde und Rostock die großen Schiffe, schwer beladen mit seiner alten Sehnsucht. Und nun haben die Kollegen auf der »Seebad Ahlbeck« wieder den Seefahrertraum der Jugend geweckt, einmal herauszufahren in die weite, die westliche Welt.

Die Sonne leuchtet den Horizont aus, sinkt hinter Alleebäume und weitgestreckte Hügel, Gompitz fährt westwärts direkt in das rötliche Abendlicht, vorbei an abgeernteten Feldern. Auf graudunkle Dorfkulissen, Betonställe, Mähdrescher und Wegweiser achtet er kaum, er kennt die Strecke. Er denkt an die Berge im Süden vor Dresden, sieht sich mit fünf oder sechs Jahren, kaum über einen Johannisbeerstrauch guckend, auf den Tisch der Gartenlaube steigen an klaren Sommertagen und, plötzlich zwei Meter groß, gebannt vom weiten Blick bis zu den Gipfeln und Felsen der Sächsischen Schweiz, jeden einzelnen Berg wie ein Ziel. Später ein Ausflug mit den Eltern auf einen dieser Gipfel, Königstein, von dort der erstaunte Weitblick in die Ebene und auf neue Bergketten in der Ferne, viele Kegelberge bis an den Horizont. Was ist hinter den Bergen da, Papa? Das ist Böhmen, aber da dürfen wir nicht hin, das ist verboten! Und dahinter? Hinter dem Böhmerland das Riesengebirge, da dürfen wir nicht hin! Weiter südlich die Alpen, hinter den Alpen Italien. Hinter den Bergen immer neue Berge, die verbotene Ferne, die Welt hört nicht auf.

Italien! Syrakus! Mit so viel guter Laune ist Gompitz noch nie über das Holperpflaster von Demmin gefahren. Drei Burschen suchen das Licht einer HO-Gaststätte, ein Alter sperrt mit seinem Fahrrad die halbe Straße, im Sommer sieht das Städtchen nicht einladender aus als im Winter. Du wirst wiederkommen, sagt sich Paul, und wieder durch Demmin fahren, aber mit Italien im Kopf! Ohne die mecklenburgischen Nester, ohne die Küste und Dresden und Berlin kannst du nicht leben. Aber einmal musst du es schaffen, dich an irgendwas festhalten und hochziehen, was hinter der Grenze liegt. Lange genug versucht, die Mauer zu vergessen, dich abzufinden und einzurichten, die Wohnung mit Helga, die alten Möbel, das Auto, die Kunstbücher, hast tapeziert und gewerkelt und ein paar Sachen um dich herum aufgehäuft. Das dulden sie, das fördern sie, die Habgier hätscheln und nach Besitz streben, obwohl das auch nicht gerade sozialistisch ist, die bürgerliche Anschafferei bis zur Datsche und all dem Ramsch, aber was nützt dir das, wenn du eingemauert bleibst!

Immer wieder hat er auf eine Änderung der Politik gehofft, auf Tauwetter, auf Bruderküsse gegen Minenfelder, auf Reisepässe als Weihnachtsgeschenke. Biermann wird ausgebürgert, und kurz drauf gibt es Bücher, in denen mehr steht als vorher. Lernen sie da oben endlich, dass wir zufriedener werden, wenn die Leine länger wird? Dann stehen einige Frechheiten von Italiens Kommunisten im »Neuen Deutschland«, da muss doch was folgen. Die Italiener sind die letzte Hoffnung, dass ein bisschen frischer Wind ins sozialistische Lager weht. Es folgt nichts. Höchstens eine Krise. Krisen machen Mut. Es bleibt, wie es ist, also wird es schlimmer, als es ist. »Noch eins, Herr Ober!« Du schaffst was ran und siehst, wie alles in den Suff sinkt. Musst nüchtern bleiben und höllisch aufpassen und rechnen, wenn du wirklich rauswillst. Der Schlosser weiß, was man tut gegen den Rost. Aber auf dich hören sie nicht. Sie kriegen es immer wieder hin, dass man enttäuscht zum Hammer, zum Putzlappen, zur Literatur und Philosophie zurückkehrt. Mit mir nicht mehr. Die Mauer abtragen, das schaffst du nicht, aber das Schlupfloch finden, irgendwo wirst du ein Schlupfloch finden. »Noch eins, Paul!« Ein mieser Beruf, das Kellnern, aber du kriegst zweimal so viel Geld wie die meisten und bist freier als die meisten. Bloß keine Illusionen mehr auf dem Tablett. Die Farbe blättert überall, aber du kriegst keine Farbe. Zwanzig Jahre steht die Mauer, zwanzig wird sie noch stehn, und die Welt zerrt dir an den Nerven, das Westfernsehen, die Bücher, die Kinderträume. Die sollen mich nicht mehr fertigmachen, ich geh jetzt meinen Weg, sagt sich Gompitz. Mein ganz persönlicher Fünfjahresplan: Ich geh meinen Weg allein, dahin, wo ich immer hinwollte, nach Syrakus wie Seume, und niemand darf davon wissen, auch nicht Helga!

Während er den Trabant über die F 110 durch Warrenzin, Zatnekow und Dargun steuert, versucht er sich an Seumes Route durch Italien zu erinnern. Das Buch mit dem witzigen Titel »Spaziergang nach Syrakus im Jahr 1802« hat er als Schüler gelesen und nie vergessen: ein Spaziergang! Auch ein Sachse, der Seume! Fast dreitausend Kilometer nach Italien und zurück!

Ohne Italien geht's nicht in die Kiste! Das ist die neue Parole. Weit, verrückt weit muss das Ziel sein, Seume das richtige Vorbild. Und gegen das Motorengeräusch des Zweitakters brüllt er die Namen der Städte, durch die Seume getippelt ist, schmeckt sie ab und wiederholt sie immer wieder: »Triest! Venedig! Ancona! Terni! Rom! Neapel! Palermo! Syrakus!«

– Wie will er das anstellen, er ist doch weder Funktionär noch Akademiker, Künstler, Sportler oder Seemann, also ohne Chance, mit vielfach genehmigten Papieren durch die Mauer zu fahren. Hat er Verwandte?
– Nein, nahe Verwandte im Westen kann er nicht vorweisen, und bis zum Rentenalter sind es noch fünfundzwanzig Jahre.

Es gibt zwei Wege, den amtlichen und den abenteuerlichen. Der erste, sagt sich Gompitz, führt über Anträge, da musst du drängeln, buckeln, warten, den zweiten musst du allein entdecken, planen, durchführen. Der legale und der illegale Weg, beide musst du vorbereiten, und wenn es Jahre dauert.

Wie kriegt man einen Besuchsantrag bei Verwandten im Westen, wenn man keine hat? Die Cousine in Solingen ist zwar eine Nichte der Stiefmutter, aber, als Cousine angesprochen und wenn sie Briefe bekommt, vielleicht die Brücke eines Tages. Gompitz hat Mühe mit dem ersten Verwandtenbrief nach Westdeutschland, sucht ein paar Sätze zusammen über Vater, Mutter, Onkel und Tante und Weihnachten und Ostern. Er unterschreibt als »Dein Cousin Paul« und hat das Gefühl, als erwachsener Mann zu dienern vor der dreizehnjährigen Göre, die Mitte der fünfziger Jahre mit ihren Eltern Dresden verlassen hat. Wie oft musst du dir das antun, »Dein Cousin Paul«?

Eine andere legale Möglichkeit könnte die Liga für Völkerfreundschaft sein. In der Hoffnung, eines Tages vielleicht in einer Delegation mitreisen zu dürfen, stellt er den Antrag, wegen seines Interesses an römischer Geschichte und deutscher Klassik in der Sektion Italien aufgenommen zu werden.

Kein Tag vergeht, an dem Gompitz nicht an Syrakus denkt. Auf den Fahrten der »Seebad Ahlbeck« zwischen Wolgast und Lauterbach blühen seine Phantasien, schon vergleicht er den Greifswalder Bodden mit der Straße von Messina und nennt Rügen das Sizilien des Nordens.

Es wird September, das Wetter kühl und diesig, die Urlauber wollen nicht am Strand frieren und trinken kräftig Korn und Wodka, der Rubel rollt, das Saisongeschäft belebt sich noch einmal. Nur bei Nebel steigen die Leute nicht gern aufs Schiff, der Urlauber will auf dem Meer das Land sehen und ein bisschen schaukeln, bei Nebel geht beides schlecht. Alle schimpfen, der Kapitän auf die Waschküche, die wenigen Fahrgäste auf die Verspätungen, die Kollegen, weil wenig Trinkgeld einkommt.

Das Schiff hält, von Radar geleitet, den vorgeschriebenen Kurs durch die Grenzgewässer. Gompitz lehnt an der Theke. Kein Land in Sicht, keine Sicht vom Land. Das ist es! Wasser kann man schlecht absperren. In dieser Suppe können die Grenzwächter auf ihren Kreuzern niemanden aufklären, höchstens mit Radar, aber mit einem kleinen Boot müsste man durchwitschen, das ist der Weg! Nichts mit falschen Pässen versuchen, nicht durch die Minenfelder robben, das ist nicht der Weg! Es ist ihm, als höre er den Nebel flüstern, den Nebel schreien: Hier wird dich niemand erkennen, hier ist das Loch, hier geht es raus!

Er weiß nicht, wie er über das Wasser kommen soll, mit welchem Fahrzeug und an welcher Stelle, aber er ist nun sicher, dass er über das Meer nach Syrakus starten muss. Als bald darauf in einem Brief der Liga für Völkerfreundschaft auf die Statuten verwiesen wird, die Liga sei nicht für Privatleute gedacht, sondern für Vertreter der Massenorganisationen, die für die Politik der DDR werben sollen, beschließt Gompitz, den abenteuerlichen Weg zu wählen und zuerst das Segeln zu erlernen, im Winter die Theorie, im nächsten Sommer die Praxis.

Ein Stapel Bücher reicht, und Paul verbringt den Winter zu Hause in Rostock auf dem Wasser und in Italien. Er hat in der Saison genug abkassiert, in den Wintermonaten serviert er nur Helga das Frühstück und Abendessen. Er kauft ein, rückt in den Schlangen vor, bis er Gemüse bekommt, und hält die Wohnung in Ordnung. Sie streiten weniger als früher, das Thema Trennung wird nicht berührt, aber Paul weiß, dass sie öfter daran denkt als er. Seinen Beschluss verrät er nicht, weil er sicher ist, sie würde es vor Angst nicht aushalten neben ihm. Er sagt nur: »Irgendwann möcht ich in meinem Leben noch mal nach Italien, warum haben wir bloß keine Verwandten in Italien!« Damit rechtfertigt er seine Lektüre und fängt ihren milden Spott ab: »Du mit deiner Italiensehnsucht!«

Während sie in der Bücherei Warnemünde arbeitet, studiert er jeden Vormittag drei Stunden lang das Segellehrbuch, lernt Begriffe wie Want und Ducht, Schwert und

Pinne, segelt durch die Theorie Hoch am Wind, Vor dem Wind und mit Halbem Wind. Danach liest er zum zweiten Mal Seume, jeden Tag zehn bis zwanzig Seiten. Er spaziert mit ihm von Grimma über Dresden nach Prag und Znaim und Wien und durch die Alpen, im Januar durch die Alpen!, verfolgt den Weg von einer Stadt zur andern, immer den Atlas neben dem Buch, bis er die Route auswendig weiß und die wichtigsten Erlebnisse seines sächsischen Landsmannes im Gedächtnis hat.

Er stärkt seinen Mut an der Furchtlosigkeit Seumes, der vor seiner großen Wanderung in Amerika, in Russland und als russischer Offizier in Polen gewesen ist, dieser gescheite Abenteurer hatte einige Erfahrungen auf dem Buckel, die Paul gut zu brauchen meint. Er studiert genau, wie Seume Gefahren meisterte, wie er das Gerede der Leute über wirkliche Gefahren zu unterscheiden wusste von dummer Angstmacherei. Die Räuber und Mordbuben, die dir auflauern, hocken nicht in Italien, sie sprechen deine Sprache!

Einen Satz aus dem Vorwort streicht er an: »Meine meisten Schicksale lagen in den Verhältnissen meines Lebens; und der letzte Gang nach Sizilien war vielleicht der erste ganz freie Entschluß von einiger Bedeutung.« Vorsicht, denkt er, das ist eine Spur, und radiert den Strich weg, schämt sich sogleich seiner Feigheit und setzt nach kurzem Überlegen den Bleistift neu an, markiert die Stelle wieder und unterstreicht die letzten Wörter deutlicher als vorher. *Der erste ganz freie Entschluß von einiger Bedeutung.* So ist es, das sollen sie ruhig wissen, falls sie dir mal auf die Schliche kommen, diese Typen!

So geht der Winter dahin, und neben Helga liegend denkt er: Ich kehre ja wieder, mein Lieb! Wenn ich es schaffe rauszukommen, bin ich ein halbes Jahr später wieder hier, ich kann mir nicht vorstellen, irgendwo anders auf der Welt zu leben als hier!

Eingesperrt oder an der Grenze erschossen zu werden, von solchen Ängsten lässt er sich nicht einschüchtern. Am meisten fürchtet er, nicht wieder in die DDR hereingelassen zu werden. Darum muss alles so sorgfältig und legal wie möglich geplant werden. Nie den Eindruck erwecken, einfach türmen zu wollen, um am Konsumrausch des Westens teilzunehmen, sondern strikt dabei bleiben: Ich ertrotze mir eine Bildungs- und Pilgerreise nach Italien auf den Spuren meines Landsmanns Seume, ich versuche alle legalen Wege, aber wenn man mich nicht lässt, dann such ich meinen Weg über das Meer!

Die einschlägigen Paragraphen des Strafgesetzbuchs hat er im Kopf. Wer die Grenzanlagen beschädigt, in Gruppe, unter Mitführung gefährlicher Gegenstände, als Vorbestrafter oder mit falschen Pässen türmt, begeht schweren Grenzdurchbruch und wird nach § 213 Absatz 2 mit bis zu sechs Jahren Haft bestraft. Allein, ohne falsche Papiere und Waffen, über das Wasser, das wäre ein einfacher Grenzdurchbruch, § 213 Absatz 1, der höchstens zwei Jahre kostet. Daran wirst du dich halten. Zwei Jahre Sitzen für sechs Monate Reisen, schlimm genug, aber das ist die Sache wert!

Ende April 1982 packt Paul wie in jedem Frühjahr den Kellnerkoffer, setzt sich in den Trabant, fährt an der Küste entlang und fragt in den HO-Kreisverwaltungen nach freien Stellen für die Saison. Eine feste Anstellung ist immer ungünstiger als die Position eines freien Gastronomen, denn wer sich früh bewirbt, bekommt oft die schlechteren Arbeitsplätze zugeteilt. Kellner ist ein Mangelberuf, also kann er sich unter den freien Stellen die beste aussuchen, mit seinen Zeugnissen nimmt man ihn gern.

Er hat den festen Vorsatz, in diesem Sommer das Segeln zu lernen, deshalb will er nicht wieder auf ein Schiff der Weißen Flotte. Als er beim Kreisbetrieb Rügen vorspricht, der sämtliche Gaststätten der Insel verwaltet, bietet man ihm die Leitung der Nachtbar »Zur Tonne« in Binz an. Paul kann es kaum glauben, plötzlich hat er, weil der bisherige Chef wegen einer Krankheit oder eines Verdachts ausfällt, einen der besten Jobs der ganzen DDR. In dieser Bar trifft sich alles, was Geld hat, die Berliner Schickeria, die Unterwelt, Künstler. Zweimal am Tag rollen die Züge aus Berlin in Binz an, die Leute kommen fast vor die Tür gefahren und fallen mit ihren vollen Brieftaschen in die »Tonne«. Gompitz organisiert, wie er es gelernt hat, den Nachschub an Speisen und Getränken, dirigiert die Kellner und spielt zwischen acht Uhr abends und vier Uhr morgens den Gästen aus der Lebewelt den kumpelhaften Chef im Frack vor der Theke und hinter der Theke den Barmixer Paul. Er verdient gut wie nie, zu den tausend Mark Gehalt zweitausend bis dreitausend Mark Trinkgeld, und es ist erst Mai. Er sitzt in der Goldgrube und wünscht zu segeln.

In den freien Stunden fährt er die Dörfer am Bodden ab auf der Suche nach einem Segelclub. Anfänger sind nirgends gern gesehen, ein Mann mit vierzig macht Verdacht, man will unter sich bleiben. Paul ist es peinlich, sich ranzuschmieren wie ein Stasimann, aber es gibt keinen anderen Weg nach Syrakus. Anfang Juni findet er in Gager im Mönchgut einen Vorsitzenden, einen freundlichen Käptn, der ihn nicht abweist, und einen Club, in dem es nicht so streng zugeht. Paul weiß, dass man das Boot in den Wind legt, wenn man die Segel setzen will, dass man das Großsegel vor der Fock setzt, und kann, als der Käptn ihn mitnimmt aufs Hagensche Wiek und weiter hinaus in den Greifswalder Bodden, seine theoretischen Kenntnisse schnell mit den richtigen Handgriffen ergänzen. Er hat sofort Spaß an diesen Törns und denkt, warum hast du das nicht früher gelernt! Von Anfang an treibt ihn der Ehrgeiz, die 420er-Jolle, die normalerweise zwei Mann beschäftigt, allein zu beherrschen. Nach fünf Fahrten darf er an einem Vormittag die Segel allein anschlagen und anschäkeln und sich selbst zurufen: Leinen los! Zum ersten Mal allein auf den Wellen, in Sichtweite des Hafens, fühlt er sich bald den Regeln und Tücken von Wasser und Wind gewachsen. Er hat noch viel zu lernen, aber endlich geht es hinaus, ein Stückchen hinaus. Das Glück, die Küste des Landes entfernt zu sehen.

Wenn nur die Goldgrube in Binz nicht so weit von seinem Segelplatz entfernt läge! In der »Tonne« wächst die Arbeit, und Paul fürchtet, in dieser Saison ein reicher Mann zu werden, aber kein Segler. Er träumt von einem einfachen Job nah am Hafen. Er fragt in den Gaststätten von Gager, Groß Zicker und Lobbe nach einer Stelle. In der »Fischerklause« von Lobbe wird ein Kaffeekoch gebraucht. Kaffeekoch, das ist das Letzte, und Paul muss vor dem Gaststättenleiter flöten, er würde viel lieber hier arbeiten, in dem alten Fischernest, am schönen Strand von

Lobbe, neben den wunderbaren Bergen des Mönchgut, im Naturschutzgebiet, die vielen Leute und die Snobs in diesem blöden Binz gefielen ihm nicht, er sei ein Naturliebhaber und Segler und möchte mal richtig segeln!

Eine ähnliche Begründung trägt er dem Direktor des Kreisbetriebs Rügen vor. Der schüttelt den Kopf, das ist noch nie vorgekommen, dass einer mitten in der Saison, Ende Juni, noch vor der großen Kasse im Juli, August, den besten Job der Insel aufgibt, vom Barleiter zum Kaffeekoch, von viertausend Mark auf tausend, der muss verrückt sein! Naturliebhaber? Aussteiger! Sie lassen ihn ziehen, genug Neider wollen Barleiter in der »Tonne« werden.

Paul weiß, dass sein Abstieg ihn verdächtig macht, mindestens ein Vermerk in der Akte, aber er kann nun in fünf Minuten an seinem Hafen sein. Die »Fischerklause« ist ein mieser Beatschuppen, mittags wird Küche gemacht für die Urlauber vom Zeltplatz, nachmittags verkauft Paul Kaffee und Kuchen, nachts gibt es Tanz und Krach bis Mitternacht. Er hat viel Zeit, kann den ganzen Vormittag und abends ein paar Stunden segeln, an Wochenenden und freien Tagen jede Minute nutzen. Bald hat er es geschafft, vom Vorsitzenden einen Schlüssel zu kriegen für die Boote, die am Steg angekettet liegen, und für den Schuppen, aus dem er die Segel holt. Bald wird es Routine, die Schoten anzustecken, durch die Leitösen zu ziehen und hinauszusegeln.

Er lernt mehr als das Gefühl für Wind und Gleichgewicht. Auf der Jolle, die Blicke konzentriert auf Wellen, Küste und Windrichtung, muss er nicht mehr an die Goldgrube denken, die er zugeschüttet hat, an die tausend Mark, die ihm jede Woche entgehen, und nicht an die meckernden

Urlauber, die in diesem Sommer besonders unzufrieden sind. Wegen der Maul- und Klauenseuche in Mecklenburg sind im Frühjahr große Viehbestände notgeschlachtet worden, nun gibt es kein Fleisch, Fisch sowieso nicht, immer nur Eierspeisen, und die Leute stopfen sich zum Mittagessen lieber mit Kuchen voll, um nicht zum dritten Mal in der Woche Setzei mit Senfsoße essen zu müssen, nachmittags ist der Kuchen weg, ohne Kuchen kein Urlaub, und der Zorn trifft zuerst die Kellner. Nebenan in Polen regiert das Kriegsrecht, hier regiert der Mangel, und Paul verfolgt eisern seinen Plan: Du musst dein Boot beherrschen! Er übt Anluven, Abfallen, Halsen und Wendemanöver, mit dem Bug durch den Wind.

Nach jeder Ausfahrt aus dem Hafen von Gager rückt die Insel Vilm in den Blick, auf der die Bonzen aus dem Politbüro abgeschirmt ihren Urlaub verbringen. Für sie werden, das wissen die Kollegen aus Lauterbach, Fisch und Südfrüchte angekarrt, sie sitzen im Fleisch wie die Maden und verbieten Leuten wie Paul Gompitz das Reisen. Seine Flüche gehen über die Wellen Richtung Vilm, die Wut spornt ihn an, immer mutiger segelt er in jedes Wetter und lernt, die Jolle richtig auszureiten. Ehe er sich für dieses Jahr von Rügen verabschiedet, bringt er die praktische Prüfung für den Segelschein hinter sich und kauft in Gager für 6000 Mark eine Ixylon-Jolle.

JULI ZEH
Nullzeit

Ich stieg in Unterzieher und Trockenanzug. Befestigte den Schlauch am Urinalventil. Kontrollierte Flossen, Maske, Handschuhe, Haube, Bleitaschen, Lampe und Ersatzlampen, Akku-Packs, Messer, Kamera, Deko-Boje, Reel, Plastiktüten, Tauchcomputer. Setzte mich an die Reling und atmete in den Rücken. Jetzt spürte ich die Nachwirkungen des Alkohols. Leichter Schwindel, ein Pochen hinter den Schläfen. Unter normalen Bedingungen wäre Restalkohol ein Grund gewesen, den Tauchgang abzublasen. Aber das waren keine normalen Bedingungen. Das war – ich weiß nicht, was. Ein verzweifelter Versuch der Selbstbehauptung. Ich zwang mich zur Konzentration. Die letzten Minuten vor einem Tauchgang waren die wichtigsten der gesamten Expedition. Ich richtete den Blick nach innen, ging alle Punkte der Gasplanung noch einmal durch, visualisierte jeden einzelnen Handgriff. Meine Anstrengung schien sich auf Jola und Theo zu übertragen. Sie schwiegen eisern. Mit jedem Meter, den die *Aberdeen* zurücklegte, wuchs die Spannung an Bord. Selbst Theo sah aus, als käme er langsam zu Bewusstsein. Wenn er nicht mit zusammengekniffenen Augen über den Atlantik blickte, musterte er mich aufmerksam. Ich versuchte nicht, seinem Blick standzuhalten. Ich genoss es, an diesem Tag nicht für ihn zuständig zu sein. Ich durfte Wichtigeres im Sinn haben als die Frage, was in ihm vorging.

Die Dieselmaschine senkte Ton und Schlagzahl, das gleichmäßige Rauschen der Bugwelle wurde leiser und verstummte. Ich trat zu Jola in den engen Fahrerstand und sah auf das GPS. Sie hatte die Koordinaten genau getroffen und außerdem schon den besten Platz zum Ankern gesucht. Unter uns zeigte das Echolot eine Erhebung des Meeresgrunds. Das Wrack lag ein Stück weiter östlich auf 107 Metern. Deutlich waren seine Umrisse auf dem Sonar zu erkennen. Ich legte Jola eine Hand zwischen die Schulterblätter, damit sie merkte, wie stolz ich auf sie war. Sie drängte an mir vorbei und machte sich daran, den Anker zu werfen. Niemand hatte seit Verlassen des Hafens ein Wort gesprochen. Ich hatte zu diesem Zeitpunkt keine Zweifel mehr, dass die Expedition reibungslos verlaufen würde. Theo hatte nichts weiter zu tun, als während der drei Stunden des Tauchgangs die Wasseroberfläche im Auge zu behalten und meine Bojen zu identifizieren. Sollte er sich als unzuverlässig erweisen, würde Jola seine Aufgabe miterledigen. Sie würde mit einem Auge bei den Instrumenten und mit dem anderen auf dem Atlantik bleiben. Bernie und Dave waren gut, aber wenn es um Schiffe ging, war Jola offensichtlich besser als beide zusammen.

Die nächsten zehn Minuten brachte ich damit zu, siebzig Kilo Ausrüstung mit Karabinerhaken am Körper zu befestigen. Vor allem die sechs Flaschen mit verschiedenen Gasgemischen schienen Tonnen zu wiegen. Im hermetisch geschlossenen Anzug schwitzte ich wie ein Fieberpatient. Die größte Herausforderung bestand darin, sich in voller

Montur im schwankenden Boot zu erheben, zum Heck zu gelangen und die Flossen anzuziehen. Jola machte das »ok«-Zeichen, was ich mit der gleichen Geste erwiderte. Ich hätte nichts dagegen gehabt, mich in vollständigem Schweigen rückwärts ins Wasser fallen zu lassen. Aber Theo hatte aus den Dingen, die ihn beschäftigten, eine Frage gebaut, die er noch loswerden musste. Er fasste mein Handgelenk, um zu verhindern, dass ich im letzten Moment abtauchte.

»Wenn wir mit dem Boot verschwinden, stirbst du?«

»Ziemlich sicher«, sagte ich.

Theo gab meinen Arm frei und nickte mir anerkennend zu, als wäre Lebensgefahr eine Leistung. Ich ließ mich nach hinten kippen. Bevor ich auf die Wasseroberfläche traf, glaubte ich, Jolas Stimme zu hören: »Happy birthday, Sven.«

Mein Vierzigster. Zu Schulzeiten hatte es diese Aufkleber gegeben: Achtung, heute beginnt der Rest des Lebens. Zum ersten und einzigen Mal schien der alberne Spruch zuzutreffen. Nur dass kein Untertitel darauf verwies, ob es sich um ein Versprechen oder eine Drohung handelte.

Kaum im Wasser, befiel mich die vertraute Ruhe. Verschwunden das Gewicht der Tauchflaschen. Unter mir weder fester Boden noch freier Fall, sondern flüssige Dreidimensionalität, die ich in jede beliebige Richtung durchqueren konnte. Kein Seegang, beste Sicht. Ich unternahm einen zügigen Abstieg am Ankerseil. Bald erfasste mich die Strömung, sodass ich waagerecht am Seil hing wie ein Fähnchen im Wind. Auf sechzig Metern der erste kurze Stopp zum Wechsel auf das Bottom Gas. Kurz darauf kam das Wrack in Sicht. Ein gigantischer Schatten im ewigen Halbdunkel am Meeresgrund.

Ich hatte damit gerechnet, dass es eine außergewöhnliche Erfahrung werden würde. Trotzdem überraschte mich meine eigene Reaktion. Mit jedem Meter, den ich dem Wrack entgegensank, begannen meine Hände stärker zu zittern. Ich fühlte, wie sich überall am Körper die Haare aufrichteten. Das Geisterschiff unter mir besaß die Länge eines Fußballfelds und war in zwei Teile zerbrochen. Der abgetrennte Bug lag ein Stück vom Rumpf entfernt. Das Mittschiff schien gut erhalten, bis auf einen abgeknickten Ladekran, der quer über die Brücke gestürzt war. Der Heckladekran stand noch aufrecht – wie der ganze Dampfer. Die *Fiedler,* wie ich sie getauft hatte, sah aus, als wäre sie von mächtiger Hand hier abgesetzt worden, um auf einen geheimnisvollen Auftrag in der Zukunft zu warten. Wenn sie, wie ich vermutete, zur Zeit des Zweiten Weltkriegs gesunken war, hatte kein menschliches Auge sie seit rund siebzig Jahren erblickt. Auf dem Deck dort unten hatten einst Männer gelebt und gearbeitet, gesungen und gestritten, hatten Gedanken und Gefühle gehegt und waren schließlich aller Wahrscheinlichkeit nach gemeinsam mit ihrem Schiff untergegangen. Ich schwebte über einer rätselhaften Vergangenheit, die, wie es Vergangenheiten so an sich haben, vor allem ein Friedhof war. Niemand außer den Fischen hatte sich um diese Toten gekümmert. Vielleicht galten sie bis heute als vermisst. Vielleicht gab es irgendwo noch erwachsene Enkel, die glaubten, dass sich ihr Opa mitten im Krieg nach Amerika abgesetzt und die Oma mit zwei kleinen Kindern alleingelassen habe.

Das Beeindruckendste an der *Fiedler* war ohne Zweifel ihr gewaltiger Schornstein, der in einiger Entfernung aufragte. Ich beschloss, das Ankerseil zu verlassen, hinüberzuschwimmen und den Rest des Abstiegs entlang des Schlots zu bewältigen. Bei der imposanten Größe des Wracks und der starken Strömung musste ich darauf achten, das Seil wiederzufinden. Der Anker würde mit Sicherheit ein ganzes Stück über den Grund kriechen; dafür war die Sicht besser als erwartet. Ich ließ das Seil los, arbeitete mit kräftigen Flossenschlägen gegen die Strömung und machte die Kamera startklar. Der Aufwand lohnte sich. Ich blickte von oben in einen schwarzen Schlund, der groß genug war, um eine Kuh zu verschlingen. Um den Schornstein herum drehte sich ein üppiger Sardinenschwarm, schmiegsam wie Stoff, behände wie ein Wesen mit einem einzigen Willen. Formte Dellen und Blasen, wenn ich mich näherte, um sich gleich darauf wieder um den Schlot zu schließen. Eine Etage tiefer stand eine große Gruppe Barrakudas, zu satt zum Jagen. Ich drückte den Auslöser. Um diese Aufnahmen würde mich die ganze Insel beneiden.

Die letzte Abstiegsetappe brachte ich zügig hinter mich. Ab jetzt würde die Zeit rasen. Mehr als zwanzig Minuten konnte ich in dieser Tiefe nicht zubringen, und zwanzig Minuten waren ein Wimpernschlag, vor allem angesichts der Größe des Untersuchungsobjekts. Ich zog eine Plastiktüte aus der Tasche, füllte sie mit Gas und ließ sie steigen. Wie eine hektische Qualle trudelte sie davon, im Wettstreit mit einer Familie Atemblasen unterschiedlicher Größe. Schnurstracks Richtung Oberfläche, wo Jola sie sehen und deuten würde: Alles in Ordnung, bin unten.

Dann schwamm ich los. Gegen die Strömung, aber gemächlich, weil Eile unter Wasser nur Gas, Kraft und Nerven verbraucht. Entlang der haushohen Stahlwände, die von einer geschlossenen Schicht aus Muscheln, Schwämmen und Weichkorallen bedeckt waren, hier und da mit Seeigeln und Seesternen verziert. Ein lebendiges, atmendes und immer hungriges Kleid, das kaum ein Stück Metall mehr sehen ließ. Die Barrakudas beobachteten mich gelangweilt. Während ich mit den Beinen kräftig arbeiten musste, standen sie fast reglos in der Strömung.

Ich sah Achterdeck, Bootsdeck und Brückendeck. Die Rettungsboote vollständig an ihren Plätzen, anscheinend war alles sehr schnell gegangen. Ich betrachtete Signalsteg, Morselampe und Funkmast, jedes Detail bis in die feinste Verästelung von Muscheln und Blumentieren bewachsen. Versehentlich brach ich eine kleine Steinkoralle vom Schanzkleid und schämte mich dafür. Ich achtete peinlich darauf, nicht in einem der verloren gegangenen Fischernetze hängen zu bleiben, die das Wrack hier und da wie riesige Spinnweben bedeckten. Durch ein Loch in der Bordwand sah ich in den Maschinenraum. Ich erreichte den weggebrochenen Bug, der wie ein abgerissener Körperteil abseits lag. Die Bruchstelle eine klaffende Wunde von gigantischem Ausmaß. Ich vermutete Kohleladung und eine englische Werft, vielleicht ein Handelsschiff aus den goldenen Zwanzigern, das später in den Dienst der Alliierten gestellt worden war. Viele Male würde ich hierher zurückkehren müssen, um nach Schiffsglocke oder Werftschild zu suchen, nach Typenschildern im Maschinenraum, nach Porzellan oder Besteck mit Reederei-Wappen, nach Her stellerbezeichnungen von Maschinentelegrafen und Kompassanlage, bis das Geheimnis der *Fiedler* entschlüsselt sein würde.

Es wurde Zeit, zum Ankerseil zurückzukehren. Langsam spürte ich auch die Überforderung meiner Sinne. Es waren zu viele Eindrücke. Ich verarbeitete nicht mehr, sondern registrierte nur noch. Ankergeschirr, Ladepfosten, Lüfterköpfe, Deckshaus. Tausende von Goldmakrelen, die sich einen Spaß daraus machten, mich zu verfolgen. Die Schiffsschraube fesselte noch einmal meine Aufmerksamkeit. Ein vierblättriger Bronzepropeller von fünf Metern Durchmesser. Das Ruder, scharf nach links eingeschlagen, wäre in der Lage gewesen, eine ganze Geschichte zu erzählen. Und ich war begierig darauf, sie zu hören. Ich wollte mich auf den Grund setzen, mir Kiemen wachsen lassen, um frei atmen zu können. Die Ausrüstung ablegen und die Kapitänskajüte beziehen. Die Barrakudas hätten bestimmt nichts dagegen gehabt, es gab genug Platz für alle. Das Wrack war groß wie eine Wohnanlage. Ich konnte hier heimisch werden. Schließlich wusste ich, wie das Leben unter Wasser funktionierte. Mir fiel auf, dass ich während der vergangenen Minuten zum ersten Mal seit Tagen weder an Jola noch an Antje oder Theo gedacht hatte. So weit war es gekommen. Jola und Theo hatten Deutschland und damit einen Krieg auf die Insel gebracht, der nicht meiner war. Der mich nichts anging. Trotzdem hatten sie mich zum Kombattanten gemacht. Da oben gab es keinen Ort mehr, an den ich fliehen konnte. Die ganze Insel war ein Schlachtfeld. Ich konnte mich nicht mehr raushalten. Mein Lebensraum war vernichtet worden wie der einer aussterbenden

Art. Nur hier unten durfte ich noch sein. Hier fühlte sich alles richtig an. Der Planet *Fiedler,* von mir selbst entdeckt. Ein Reich, in das mir niemand folgen konnte. Ich musste nur die Ausrüstung ablegen, durch Kiemen atmen und –

Ich erreichte das Ankerseil. 22 Minuten und 109 Meter als tiefster gemessener Punkt. Nicht gut, aber vertretbar. Anscheinend hatte ich an der Schiffsschraube für einen Augenblick die Zeit vergessen. Mein Atem ging zu schnell. Das musste ich in den Griff kriegen. Ab jetzt galt die alte Regel aus der Bibel: Nicht umdrehen, nicht zurückschauen. Das Wrack hatte mich nicht mehr zu interessieren. Nun durfte es nur noch die Messinstrumente geben, mit deren Hilfe ich die Faktoren Tiefe, Zeit und Gasmischung ins perfekte Verhältnis setzen musste.

Hand über Hand hangelte ich mich am Ankerseil entlang, anfangs etwas schneller, weil das Seil in der Strömung durchhing, dann langsamer, um die Aufstiegsgeschwindigkeit nicht zu überschreiten. Den ersten Stopp machte ich auf 75 Metern, wechselte die Gase und verweilte weitere zwei Minuten, ohne den Blick vom Tauchcomputer abzuwenden. Die ständige Überprüfung der Parameter nahm meine volle Konzentration in Anspruch. Mit drei Metern pro Minute hoch auf 45 Meter, dort fünf Minuten Pause mit Gaswechsel, weiter auftauchen mit länger werdenden Stopps bis 21 Meter, wo ich zwanzig Minuten warten musste und zum ersten Mal bemerkte, dass die Strömung zugenommen hatte. Arme und Hände schmerzten bereits von der krampfhaften Umklammerung des Ankerseils. Sobald mir das aufgefallen war, glaubte ich, mich keine Sekunde länger festhalten zu können. Mit einer Hand fischte ich die

Halteleine aus der Tasche und vertäute meinen Körper mit dem Ankerseil. Anderthalb Stunden waren mit der Koordination von Aufstieg und Stopps vergangen, ohne dass ich zum Nachdenken gekommen wäre. Zum ersten Mal sah ich nach oben. Schräg über mir lag der ovale Rumpf der *Aberdeen.* Ein beruhigender Anblick. Insgeheim musste ein Teil von mir damit gerechnet haben, mein Begleitboot könnte verschwunden sein. Schwer vorstellbar, dass sich Jola tatsächlich dort oben befand. Der Wunsch, sie zu sehen und ihr von meiner Begegnung mit der *Fiedler* zu berichten, versetzte mir einen Stich in den Magen. Gleichzeitig spürte ich schon die Enttäuschung darüber, ihr niemals wirklich erklären zu können, was ich erlebt hatte, weil es dafür keine passenden Worte gab. Die ewig dämmrige Welt dort unten, das schlafende Geisterschiff, die gnadenlosen Dimensionen von Vergangenheit, Ozean und Tod – das alles befand sich eingeschlossen in meinem Kopf. Niemand sonst hatte diese Bilder gesehen. Ich würde hart mit Jola arbeiten müssen, damit sie die notwendigen Fähigkeiten entwickelte, um mich eines Tages dort hinunter zu begleiten. Vielleicht konnte sie in ein bis zwei Jahren so weit sein. Dann würden wir auf ewig dieselbe Erinnerung teilen. Die *Fiedler* würde uns miteinander verheiraten.

Es zog mich jetzt ebenso stark hinauf wie hinab. Unter mir Dunkelheit, über mir das Licht. Die Grenze zwischen allen denkbaren Gegensätzen lief direkt durch mich hindurch. Ich befand mich zwischen hell und dunkel, oben und unten, gestern und morgen, Leben und Tod. Meine Instrumente sagten mir, in welche Richtung ich mich bewegen musste und wann. Aufwärts und genau jetzt. Ich löste den Haken der Halteleine und arbeitete mich mit Stopps von vier bis dreizehn Minuten die nächsten fünfzehn Meter hinauf.

Sechs Meter unter der Oberfläche verlief die gläserne Decke. Hier musste ich eine Stunde ausharren und abwechselnd reinen Sauerstoff und Bottom Gas atmen, während direkt über meinem Kopf der Bauch der *Aberdeen* lag, so nah, als könnte ich ihn mit ausgestrecktem Arm berühren. Unter mir der endlose blaugläserne Wasserblock des Atlantiks, in dessen oberster Schicht ich steckte. Nichts, an dem sich Hand oder Auge festhalten konnten, außer dem Ankerseil, das sich schnell in der Tiefe verlor. Jetzt zog mich alles hinauf und nichts mehr hinab. Ich wollte raus. Reden. Atmen. Trocknen. Es galt, so wenig wie möglich nach oben zu sehen, um die Nerven nicht zu verlieren.

Kaum zehn Minuten waren vergangen, als ich ein lautes Platschen hörte. Etwas Schweres musste ins Wasser gefallen sein. Ich hob den Kopf und schaute zur Oberfläche. Neben dem Boot schwamm ein Mensch.

Jetzt machen sie alles kaputt, dachte ich. Den sorgfältigen Plan, die Absprachen, mein Vertrauen. Den Geist der Expedition. Weil ihnen langweilig geworden war. Oder zu warm. Weil sie beschlossen hatten, ihre Posten zu verlassen und ein bisschen baden zu gehen, während ich hier unten die Sache zu Ende brachte. Die Enttäuschung nahm mir für einen Moment die Luft. Bis hierher war alles so gut, ja, perfekt verlaufen. Ich konnte nicht glauben, mich dermaßen in Jola getäuscht zu haben. Sie hatte mich angefleht, auf dieser Expedition dabei sein zu dürfen. Sie wollte meine

Partnerin sein, ein Mensch, auf den ich mich hundertprozentig verlassen konnte. Oder etwa nicht? Mein Verstand war erschöpft, ich merkte, dass ich seltsame Schlussfolgerungen zog. Mit Sicherheit wusste ich nur, dass der kleine Badeausflug dort oben einen Angriff darstellte, auf alles, was mir lieb und teuer war.

Dann fiel mir auf, dass nicht zwei Körper im Wasser schwammen, sondern nur einer. Und der schwamm nicht. Er sank.

In der Erinnerung sehe ich ihn gemächlich auf mich zutreiben. In Wahrheit muss er untergegangen sein wie ein Stein. Trotzdem kommt es mir vor, als hätte ich endlos Zeit zum Nachdenken gehabt. Jola, dachte ich. Ihr ist etwas passiert. Genauer gesagt, dachte ich: Jetzt ist es passiert. Als hätte immer festgestanden, dass ihr etwas zustoßen würde.

Im Gegenlicht bildete der Körper einen dunklen Fleck, der sich beim Näherkommen vergrößerte. Die Umrisse waberten im bewegten Wasser. Dieser Mensch musste sofort zurück an die Oberfläche. Ich hatte das Ankerseil bereits losgelassen und wäre einfach aufwärts geschwommen, wenn mich die Leine nicht festgehalten hätte. Der Verstand nutzte die Gelegenheit, um die Instinkte niederzubrüllen: Du bleibst, wo du bist!

Wenn ich jetzt auftauchte, konnte mich der aufgasende Stickstoff umbringen. Kotzen, Atemnot, Lähmungen der Arme und Beine. Vielleicht würde ich auch gleich das Bewusstsein verlieren, während mir das Blut aus den Ohren lief. Zudem wusste ich nicht, was auf der *Aberdeen* geschehen war. Jola führte keine Schwimmbewegungen aus. Hatte sie sich den Kopf gestoßen und war über Bord gegangen?

Aber warum unternahm Theo dann keinen Rettungsversuch? Schlief er, benebelt vom Restalkohol? Ich glaubte etwas anderes. Ich glaubte, dass Theo und Jola wieder einmal in Streit geraten waren. Dass er sie niedergeschlagen und ins Wasser geworfen hatte. Oder sie hatte sich im Gerangel verletzt und war über die Reling gestürzt. Fest stand, dass Theo sie in dieser Sekunde absichtlich ertrinken ließ. Wenn ich mit der bewusstlosen Jola auftauchte, lief ich Gefahr, dass er uns im Affekt angriff. Oder das Boot startete und einfach davonfuhr. Selbst wenn er nicht aggressiv wurde, konnte ich jedenfalls nicht darauf zählen, dass er alles daran setzen würde, mich in die nächstgelegene Dekompressionskammer zu bringen. Abgesehen von der Frage, ob ich so lange überlebte. Probleme löst du hier unten oder gar nicht.

Von dem Augenblick, als der Körper ins Wasser schlug, bis zu dem Moment, in dem ich den Haken der Halteleine öffnete, können nur Sekunden vergangen sein. Ich schwamm los, auf Abfangkurs, wobei ich darauf achtete, nicht an Höhe zu gewinnen. Den sinkenden Körper traf ich in sechs Metern Tiefe ein Stück backbord vom Bug. Mit beiden Händen griff ich zu, bekam Stoff zu fassen und wurde ein Stück abwärts gezogen. Heftig trat ich mit den Flossen, bis ich endlich eine Hand frei bekam, um mein Jacket zur Kompensation des zusätzlichen Gewichts aufzublasen. In Rückenlage schwimmend, schleppte ich den Bewusstlosen zum Ankerseil. *Den* Bewusstlosen. Mit einer Hand umklammerte ich seinen Brustkorb, mit der anderen vertäute ich mich erneut so fest wie möglich mit Hilfe der Halteleine. Technisches Tauchen, hatte mein Ausbilder immer gesagt, sei die Kunst, alles mit einer Hand zu erledigen. Ohne hinzusehen.

Die Zeit änderte Tempo und Richtung. Waren die Ereignisse bislang wie in Zeitlupe an mir vorbeigezogen, rasten sie jetzt in Lichtgeschwindigkeit auf mich zu. Im Rückblick sehe ich einen Wirbel, in dessen Mitte ich um ein Leben kämpfe. Vor mir ein Gesicht mit geschlossenen Augen und halb offen stehendem Mund. Ein Unterwassergesicht. Ein Gesicht, das einer Leiche zu gehören schien. Theos Gesicht. Nicht Jolas.

Von 1992 bis 1995 hatte ich große Teile meiner Semesterferien als Rettungstaucher verbracht. Ich wusste, wie Ertrinken funktionierte. In Phase eins vollführte das Opfer unkoordinierte Bewegungen, schnappte hektisch nach Luft und schluckte dabei Wasser. In Phase zwei setzte ein Reflex ein, der den Kehlkopfdeckel schloss. Darin lag Theos Chance. Soweit ich gesehen hatte, war er bereits ohnmächtig ins Wasser gefallen und hatte auf diese Weise Phase eins übersprungen. Möglicherweise handelte es sich um einen Fall des trockenen Ertrinkens, bei dem kein Wasser in die Lungen gelangte. Die Atemwege von Wasser zu befreien, war schon an Land ein schwieriges Unterfangen. Von dem Versuch, einen Ertrinkenden unter Wasser zu retten, hatte ich noch nie gehört. Aber vielleicht befand sich Theo gerade in der Erstickungsphase, die erst nach zwei bis drei Minuten von Krampfphase und Atemstillstand gefolgt wurde. Wenn das stimmte, konnte ich den Atemreflex durch die Zufuhr von Sauerstoff wieder auslösen, ohne dass Wiederbelebungsmaßnahmen erforderlich würden.

Das dachte ich nicht. Das wusste ich. Zum Denken blieb

keine Zeit. Ich hatte längst auf Trimix gewechselt und hielt den Lungenautomaten mit reinem Sauerstoff in der Hand, um ihn an Theo abzugeben. Die größte Gefahr für uns beide bestand darin, dass Theo zu sich kam und in Panik geriet. Dass Ertrinkende ihre Retter umbringen, ist kein ungewöhnlicher Vorgang. Doch an Selbstschutz war nicht zu denken, solange wir in sechs Metern Tiefe an einem Ankerseil hingen. Es war nicht möglich, Abstand vom Verunglückten zu gewinnen. Nur meine Umklammerung bewahrte Theo davor, in die Tiefe zu sinken. Wenn er anfing, um sich zu schlagen, konnte er leicht meine eigene Luftversorgung abreißen. Er konnte sich panisch an mir festhalten, meine Ausrüstung beschädigen, mich bewegungsunfähig machen. Ertrinkende besitzen übermenschliche Kräfte. Sie sind gefährlicher als jeder Hammerhai.

In diesem Augenblick geschah es. Ein winziger Moment, der mir zeigte, wer ich in den letzten vierzehn Jahren geworden war.

Ich zögerte.

Ich fragte mich, für wen oder was ich im Begriff stand, mein Leben aufs Spiel zu setzen. Für einen Mann, der die Frau terrorisierte, die ich haben wollte. Der sie niemals freigeben würde, weil er sie als sein Eigentum betrachtete. Der keinen richtigen Beruf hatte und niemandem nützte. Der bei jeder Gelegenheit betonte, dass er des Lebens überdrüssig war. Ich musste mich nur raushalten. Theo loslassen und wegschauen, während er stumm in der Tiefe verschwand. Kein Mensch würde mich mit seinem Tod in Verbindung bringen.

Nur für einen kurzen Moment, aber ich zögerte.

Dann schob ich Theo den Lungenautomaten zwischen die Zähne. Bemühte mich, seine Lippen so um das Mundstück zu schließen, dass möglichst wenig Wasser eindrang. Ich hielt ihm die Nase zu und betätigte die Luftdusche. Ein Strudel von Blasen. Der Druck pumpte Sauerstoff in Theos Lungen. Plötzlich riss er die Augen auf. Im Salzwasser konnte er nicht viel sehen. Er spürte nur meine Umklammerung, das kalte Wasser, das voraussichtliche Ende seines Lebens. Er grub die Fingernägel in meinen Unterarm und schnellte herum wie ein Fisch. So gut es ging, schützte ich meine Luftschläuche gegen den bevorstehenden Angriff.

Aber Theo griff nicht an. Er starrte mir trotz des beißenden Meerwassers aus nächster Nähe ins Gesicht. Sein Kopf war in einen Wirbel aus Blasen gehüllt. So heftig pumpten seine Lungen, dass zwischen Ein- und Ausatmen kaum ein Unterschied bestand. Der Anblick wirkte wie ein Schlüsselreiz. Wir waren Tauchlehrer und Tauchschüler. Mein Schüler hing hyperventilierend an der Notversorgung. Er starrte mich an, weil er mich liebte, so wie hilflose Säuglinge ihre Mütter lieben. Mehrmals drückte ich Theos Oberarm, um seine Aufmerksamkeit zu gewinnen. Seine Augenlider flatterten. Irgendein Teil seines Gehirns versuchte, sich auf mich zu konzentrieren, und ich nickte lobend: Gut so. Langsam führte ich eine Hand vom Mund weg: Ausatmen. Warten. Führte die Hand zurück an die Lippen: Einatmen. Langsam. Ich zeigte auf ihn und wiederholte die Gesten. Ausatmen. Einatmen. Es dauerte eine Weile, bis er mitmachte. Seine Atmung verlangsamte sich. Wir fanden einen gemeinsamen Rhythmus. Mit einem Mal entspannte sich sein Körper. Er wurde so schlaff, dass ich meinen Griff verstärken musste. Wir hatten es geschafft. Er ließ es zu, dass ich ihn umdrehte. Von hinten konnte ich ihn besser halten. An den Zuckungen seines Rückens spürte ich, dass er weinte. Eilig machte ich mich daran, ihn abzutasten. Der Grund dafür, dass es ihn unerbittlich Richtung Meeresgrund zog, steckte in den Taschen seiner Jeans: Bleistücke, die zu meiner Reserveausrüstung gehörten. Ich entfernte die Gewichte; sie rasten mit hoher Geschwindigkeit in die Tiefe. Ich half Theo, Schuhe und Jeans auszuziehen. In ruhigem Tempo schwebten die Kleidungsstücke in die Dunkelheit unter uns.

Danach war es ein Kinderspiel, Theo zu halten. Ich löste meine Ersatzmaske vom Band, zog sie ihm über und rückte sie zurecht. Theo legte den Kopf in den Nacken und blies Luft durch die Nase, um die Maske von Wasser zu befreien. Jetzt konnte er mich ebenso klar sehen wie ich ihn. Er hob eine Hand, formte das »ok«-Zeichen und lächelte. Seine Lippen waren blau vor Kälte. Während ich das Signal beantwortete, spürte ich ebenfalls Lust zu weinen. Er mochte ein Arschloch sein, aber seine Tapferkeit war übernatürlich. Er versuchte nicht einmal, pantomimisch zu fragen, warum wir nicht auftauchten. Offensichtlich hatte er mir in den vergangenen Tagen aufmerksam zugehört.

Die folgenden dreißig Minuten verbrachten wir damit, zwischen den verschiedenen Gasen hin und her zu wechseln, immer wieder den Stand unseres Luftvorrats zu kontrollieren und gemeinsam gymnastische Übungen auszuführen, die Theo vor der Unterkühlung bewahren sollten. Wir beugten Knie, rollten Handgelenke und Schultern, schwammen gemeinsam in kleinen Kreisen um das Ankerseil. Verbunden durch die Luftversorgung wie durch eine Nabelschnur.

Als meine Deko-Zeit so weit abgelaufen war, dass ich die Tiefe gefahrlos verlassen konnte, gab ich das Zeichen zum Aufstieg. Wieder umfasste ich Theo von hinten und schleppte ihn ein Stück zur Seite, bis wir uns nicht mehr unter der *Aberdeen* befanden. Mit etwas Sicherheitsabstand vom Boot gingen wir langsam nach oben. Die Luft schmeckte warm und süß. Theo begann zu japsen. Gut möglich, dass er jetzt erst begriff, wo er sich befand und was geschehen war. Nach allen Regeln der Logik hätte er tot sein müssen. Vielleicht wähnte er sich in einem Jenseits, das dem Diesseits zum Verwechseln ähnlich sah.

Jola stand am Heck und winkte aufgeregt.

»Verdammte Scheiße! Warum hast du die Deko-Boje nicht steigen lassen? Weißt du, was ich mir für Sorgen gemacht habe?«

Ich fragte mich, ob sie verrückt geworden war. Aber für Fragen hatten wir keine Zeit. Ich gab Anweisungen. Brachte Theo ans Heck der *Aberdeen*. Schloss seine Hände um die Holme der Leiter. Er war nicht in der Lage, sich hochzuziehen. Ich erklärte Jola, wie sie ihn fassen musste, und schob von unten nach, bis Theo wie ein nasser Sack aufs Deck schlug. Der letzte Rest Kraft war aus ihm gewichen, er lag da wie tot. Eilig entfernte ich die Sachen, die ich ihm unter Wasser angezogen hatte, Tauchermaske, Kopfhaube, Handschuhe. Jola befahl ich, ihm das nasse Hemd vom Leib zu reißen; danach schickte ich sie Handtücher, Isolationsdecke und Sauerstoffkoffer holen. Sie gehorchte. Theo lag nicht nur da wie tot, er sah auch so aus. Seine Haut wie aus gelbem Wachs, die geschlossenen Augen tief in den Höhlen. Lippen, Hände und Füße von einem schrecklichen Blau. Am linken Ohr lief ihm ein Rinnsal Blut aus den Haaren. Ich ertastete eine Platzwunde und eine massive Schwellung. Unter Wasser hatte ich die Verletzung nicht bemerkt. Ich dachte gerade, dass er auf keinen Fall bewegt werden durfte, als er sich unter einem Hustenanfall aufbäumte. Ich drehte ihn in die stabile Seitenlage, ein Schwall Salzwasser kam aus seinem Mund. Jola brachte den Koffer, ich presste die Sauerstoffversorgung auf Theos Lippen.

»Fahr los«, sagte ich.

»Er wollte sich umbringen«, sagte sie.

Als hätte ich eine Frage gestellt, die diese Antwort verlangte. Mein Mund verzog sich vor Ekel. Selbstmörder stopfen sich vielleicht Bleigewichte in die Taschen, aber sie schlagen sich nicht die große Wasserpumpenzange über den Kopf, die unten neben der Dieselmaschine gelegen hatte.

»Fahr!«, schrie ich sie an. »Fahr, so schnell du kannst!«

Einen Moment zauderte sie, dann drehte sie sich um und rannte zum Steuerstand. Die Maschine sprang an. Nie waren sechs Knoten langsamer gewesen. Ich hatte Theo in die Decke gewickelt, gab ihm Sauerstoff, massierte seine Gliedmaßen. Als ich sicher war, ihn kurz allein lassen zu können, drängte ich mich neben Jola in den Steuerstand und gab einen Funkspruch durch. Als mein Handy Netz fand, rief ich das Krankenhaus an. Sie versprachen, einen Hubschrauber zu schicken.

Die weitere Fahrt kam mir endlos vor. Während ich

neben Theo kniete, der kein Lebenszeichen mehr von sich gab, musste ich immer wieder daran denken, wie normal er unter Wasser gewirkt hatte. Geradezu ruhig und entspannt. Als ginge es ihm gut.

Die Küstenwache bemerkte ich erst, als ihr Zodiac neben uns beidrehte. Wir waren noch zwei Kilometer vom Festland entfernt. Jola stellte den Motor aus. Auf einmal war die *Aberdeen* voller Menschen. Die Situation überforderte mich. Hektisch wehrte ich die Hände des Rettungspersonals ab. Es kann sein, dass ich sogar versucht habe, sie von Theo fernzuhalten. »No tocar! No se debe mover!« Nicht anfassen. Nicht bewegen. Meine eigene Stimme klang mir schrill in den Ohren. Jemand stieß mich zur Seite. Sie legten Theo auf eine Bahre und hoben ihn über die Reling. Jola kletterte hinterher. Ein Typ vom Rettungsdienst packte mich am Arm und wollte mich ebenfalls von Bord bringen. Ich schlug nach ihm. Die *Aberdeen*. Ich durfte sie nicht hier draußen im Stich lassen. Die Spanier tauschten ein paar schnelle Worte, zeigten auf mich und schüttelten die Köpfe. »We be back here!«, rief einer von ihnen. Der Außenborder heulte auf, der Zodiac schoss davon und zog eine Spur aus weißem Schaum hinter sich her.

Plötzlich war ich allein. Ich genoss die Stille. Keine Menschen, keine Vögel. Ein bisschen Wind und das Geräusch der Wellen. Das Verklingen des Außenborders, während der Zodiac in der Ferne aufs Festland zuraste. Ich machte keine Anstalten, die *Aberdeen* wieder in Gang zu setzen. Ich stand einfach da. Trug noch immer den Taucheranzug. Hatte mir nicht einmal die Haare abgetrocknet. Ich wusste nicht, ob ich schwitzte oder fror. Das Jetzt und Hier nahm mir den Atem wie eine Last von 1000 bar. Als läge ich an der tiefsten Stelle des Atlantiks. Von Playa Bianca stieg ein Hubschrauber auf. Er war das Letzte, was ich von Jola und Theo sah.

Die Insel am Mittag

Marini beugte sich gerade höflich über die Sitze auf der linken Seite, als er die Insel zum ersten Mal sah. Er war dabei, das Plastiktischchen zu befestigen, um dann das Tablett mit dem Essen daraufzustellen. Die Frau hatte ihn öfter angeschaut, während er mit Zeitschriften oder Whiskygläsern hin und her ging. Marini ließ sich Zeit, als er den Tisch einhakte, und fragte sich gelangweilt, ob es die Mühe lohne, den aufdringlichen Blick der Reisenden zu erwidern, einer Amerikanerin, wie es viele gab; da zeichnete sich im blauen Oval des Fensters die Küstenlinie der Insel ab, der goldene Saum des Strands, die Erhebungen, die zum einsamen Plateau führten. Er korrigierte die falsche Stellung des Bierglases und lächelte die Frau an. »Die griechischen Inseln«, sagte er. »Oh, yes, Greece«, sagte die Amerikanerin mit geheucheltem Interesse. Ein kurzes Klingelzeichen war zu hören, und der Steward richtete sich auf, ohne dabei das professionelle Lächeln seines feinlippigen Mundes zu verlieren. Er bemühte sich um ein syrisches Ehepaar, das Tomatensaft bestellte, aber im Flugzeugheck gönnte er sich ein paar Sekunden, um noch einmal nach unten zu schauen. Die Insel war klein und einsam, und die Ägäis umgab sie mit einem tiefen Blau, das in Spuren von leuchtendem, gleichsam versteinertem Weiß überging. Es würde Schaum sein dort unten, der sich an den Klippen und kleinen Buchten brach. Marini sah, daß die einsamen Strände nach Norden und nach Westen liefen: alles übrige war Fels, der steil ins Meer abfiel. Eine felsige und verlassene Insel, obschon der bleifarbene Fleck in Nähe des Nordstrands ein Haus sein konnte, vielleicht eine Gruppe primitiver Behausungen. Er begann die Büchse Saft zu öffnen, und als er sich aufrichtete, war die Insel aus dem Fenster verschwunden. Es blieb nichts als das Meer, ein unendlicher grüner Horizont. Ohne zu wissen, warum, sah Marini auf seine Armbanduhr: es war genau zwölf Uhr mittags.

Marini war zufrieden, auf der Linie Rom–Teheran eingesetzt worden zu sein. Der Flug war hier weniger trostlos als auf den Nordrouten. Immer hatten die Mädchen ein glückliches Aussehen, weil sie in den Orient reisten oder Italien kennenlernen würden. Vier Tage später, als er gerade einem Kind helfen wollte, das seinen Löffel verloren hatte und untröstlich auf seinen Teller mit Nachtisch zeigte, entdeckte er von neuem den Saum der Insel. Er stellte eine Differenz von acht Minuten fest, aber als er sich am Heck zum Fenster beugte, war kein Zweifel. Die Insel hatte eine unverwechselbare Form – eine Schildkröte, die die Beine ein wenig aus dem Wasser hebt. Er betrachtete sie, bis man ihn rief. Diesmal hatte er die Gewißheit, daß der bleifarbene Fleck eine Gruppe von Häusern war. Er konnte noch die Umrisse einiger weniger Felder wahrnehmen, die sich bis zum Strand erstreckten. Während der Zwischenlandung in Beirut studierte er den Atlas der Stewardeß und fragte sich, ob die Insel nicht Horos wäre. Der Funker, ein gleichgültiger Franzose, wunderte sich über sein Interesse. »Diese Inseln sind eine wie die andere. Ich mach die Route schon zwei Jahre, und sie sind mir herzlich egal. Aber zeigen Sie sie mir das nächste Mal.«

Es war nicht Horos, sondern Xiros, eine der vielen Inseln am Rande der touristischen Rundreisen. »Sie wird sich keine fünf Jahre halten können«, sagte die Stewardeß zu ihm, während sie in Rom ein Glas zusammen tranken. »Wenn du hinwillst, beeil dich. Die Massen können jeden Augenblick dort eintreffen – Gengis Cooks Zeltstadt!« Aber Marini konnte seine Insel nicht vergessen. Er betrachtete sie, wenn sich die Möglichkeit bot oder ein Fenster in der Nähe war, und fast immer zuckte er am Ende mit den Schultern. Was konnte das schon für einen Sinn haben! Dreimal die Woche über Xiros am Mittag zu fliegen, war so irreal, wie dreimal die Woche davon zu träumen, daß er am Mittag über Xiros fliege. Alles war falsch an diesem sinnlosen und verlockenden Bild, mit Ausnahme vielleicht des Wunsches, es immer wieder zu sehen, die Armbanduhr kurz vor Mittag zu prüfen; dann der kurze blendende Kontakt mit dem leuchtend weißen Saum am Rande eines beinah schwarzen Blaus; die Häuser, wo die Fischer kaum den Blick heben würden, um dem Kommen und Gehen dieser anderen Irrealität zu folgen.

Als man ihm acht oder neun Wochen später die Linie New York mit all ihren Vorteilen anbot, sagte sich Marini, das sei eine Gelegenheit, seiner einfältigen und lästigen Manie ein Ende zu machen. Er hatte ein Buch in der Tasche, in dem ein unbekannter Geograph mit levantinischem Namen ein paar Angaben mehr über Xiros machte als die einschlägigen Autoren in ihren Reiseführern. Er hörte sich selbst wie aus weiter Ferne, als er das Angebot ablehnte, und ging, nachdem er die verärgerte Überraschung eines Chefs und zweier Sekretärinnen über sich hatte ergehen lassen, zum Essen in die Kantine der Gesellschaft, wo Carla auf ihn wartete. Carlas unverhohlene Enttäuschung beunruhigte ihn nicht. Die südliche Küste von Xiros war unbewohnbar, aber in westlicher Richtung hatte man Spuren einer lydischen oder womöglich kretomykänischen Kolonie gefunden. Professor Goldmann entdeckte zwei Felsen, in die Hieroglyphen eingeschnitten waren. Die Fischer benutzten sie als Rammpfähle für die kleine Mole. Carla hatte Kopfschmerzen und blieb nicht lange. Polypen waren die Haupteinnahmequelle der Handvoll Einwohner: alle fünf Tage kam ein Schiff, um den Fang zu laden und ein paar Vorräte und Waren dazulassen. Auf der Reiseagentur sagte man ihm, er müsse in Rynos ein Sonderschiff chartern oder er könne vielleicht mit der Feluke fahren, die die Polypen abholt. Aber das könne Marini nur in Rynos erfahren, wo die Agentur keinen Vertreter hatte. Wie auch immer, seine Absicht, ein paar Tage auf der Insel zu verbringen, war lediglich ein Plan für den Urlaub im Juni. In den folgenden Wochen mußte er für White auf der Tunislinie einspringen, und dann begann ein Streik, und Carla ging nach Palermo zurück ins Haus ihrer Schwestern. Marini quartierte sich in einem Hotel nahe der Piazza Navona ein, wo es Antiquariate gab. Ohne großen Eifer verbrachte er seine Zeit damit, Bücher über Griechenland zu suchen: zuweilen blätterte er in einem Konversationslexikon und fand Gefallen an dem Wort *kaliméra,* das er zum ersten Mal in einem Kabarett bei einem rothaarigen Mädchen anwandte. Er schlief mit ihr, erfuhr von ihrem Großvater in Odos und von unerklärlichen Halsschmerzen. In Rom begann es zu regnen. In Beirut wartete Tanja stets auf ihn. Es folgten andere Geschichten, immer von Verwandten und von Schmerzen. Eines Tages war es dann wieder die Linie Teheran, die Insel am Mittag. Marini blieb so lange am Fenster kleben, bis ihn die neue Stewardeß als einen schlechten Kollegen bezeichnete und ihm die servierten Tabletts vorrechnete. Am gleichen Abend lud Marini die Stewardeß zum Essen ins Feirûs ein, und es kostete ihn keine Mühe, ihre Verzeihung für seine Unaufmerksamkeit am Vormittag zu erlangen. Lucía riet ihm, sich die Haare auf amerikanische Art schneiden zu lassen. Er brachte die Rede eine Weile auf Xiros, begriff aber bald, daß sie den Wodka-Lime des Hilton vorzog. Die Zeit verging über diesen Dingen, den kein Ende nehmenden Tabletts mit den Mahlzeiten, ein jedes mit dem Lächeln serviert, auf das der Passagier ein Recht hatte. Auf dem Rückflug war die Maschine um acht Uhr morgens über Xiros. Die Sonne fiel auf die Fenster an der Backbordseite, und die goldene Schildkröte war kaum zu ahnen. Marini hielt es für besser, die Hinflüge zur Mittagsstunde abzuwarten, weil er wußte, daß er dann eine ganze Weile am Fenster bleiben konnte, indes Lucía (und später Felissa) sich ein wenig spöttisch um die Arbeit kümmerte. Einmal machte er ein Foto von Xiros, aber die Aufnahme wurde unscharf. In einigen Dingen wußte er über die Insel Bescheid; er hatte die seltenen Erwähnungen in ein paar Büchern unterstrichen. Felissa erzählte ihm, die Piloten würden ihn den Verrückten mit seiner Insel nennen, aber es störte ihn nicht. Carla hatte ihm gerade geschrieben, sie hätte sich entschlossen, das Kind nicht zu behalten. Marini schickte ihr zwei Gehälter und dachte, daß der Rest nicht mehr ausreichen würde für seinen Urlaub. Carla nahm das Geld an und ließ ihn durch eine Freundin wissen, sie werde wahrscheinlich den Zahnarzt von Treviso heiraten. Alles das hatte am Mittag, montags und donnerstags und samstags (zweimal im Monat sonntags), so wenig Bedeutung.

Mit der Zeit merkte er, daß Felissa die einzige war, die ihn ein wenig verstand. Sie hatten ein stillschweigendes Abkommen getroffen, daß sie sich mittags, sobald er seinen Platz am Fenster im Heck einnahm, um die Passagiere kümmerte. Die Insel wurde für wenige Minuten sichtbar, und immer war die Luft so rein, und das Meer umriß sie mit so minutiöser Unerbittlichkeit, daß die kleinsten Einzelheiten sich schonungslos an die Erinnerungen von der vorhergehenden Reise anschlossen. Der grüne Fleck des Vorgebirges im Norden, die bleifarbenen Häuser, die auf dem Sand trocknenden Netze. Fehlten die Netze, war es für Marini wie eine Verarmung, fast wie eine Beleidigung. Er dachte daran, den Flug über die Insel zu filmen und das Bild dann im Hotel zu wiederholen; aber er zog es vor, das Geld für die Kamera zu sparen, jetzt, wo es kaum noch einen Monat bis zum Urlaub dauerte. Er zählte die Tage nicht allzu genau. Manchmal war es Tanja in Beirut, manchmal Felissa in Teheran, fast immer sein jüngerer Bruder in Rom, alles ein wenig verschwommen, auf freundliche Art leicht und wunderbar, als stünde es für etwas anderes, indes es die Stunden vor oder nach einem Flug ausfüllte. Auch während des Flugs war alles verschwommen und leicht und dumm, bis zu der Stunde, da er sich ans Fenster im Heck stellen konnte, das kalte Glas spürend wie die Wand eines Aquariums, darin sich langsam die goldene Schildkröte im dichten Blau bewegte. An diesem Tag zeichneten sich die Netze auf dem Sand deutlich ab, und Marini hätte schwören können, der schwarze Punkt links, am Rande des Meers, sei ein Fischer, der das Flugzeug betrachtete. Kaliméra, dachte er absurderweise. Es hatte jetzt keinen Sinn mehr, länger zu warten, Mario Merolis würde ihm das Geld borgen, das ihm für die Reise fehlte. In weniger als drei Tagen würde er in Xiros sein. Die Lippen am Fensterglas, lächelte er bei der Vorstellung, daß er bis zu dem grünen Fleck klettern würde; nackt würde er ins Meer gehen an den Klippen im Norden, mit den Männern Polypen fischen und sich mit ihnen durch Zeichen und Lachen verständigen. Nichts war kompliziert, hatte man sich erst einmal entschlossen. Ein Nachtzug, ein erstes Schiff, ein zweites, altes und schmutziges Schiff, der Zwischenaufenthalt in Rynos, die endlose Verhandlung mit dem Kapitän der Feluke, die Nacht auf der Brücke, ganz nah bei den Sternen, der Geschmack von Anis und Hammel, der Anbruch des Tages zwischen den Inseln. Sobald es dämmerte, ging er an Land und wurde vom Kapitän einem alten Mann vorgestellt, der der Patriarch sein mußte. Klaios nahm seine linke Hand, sprach langsam zu ihm und schaute ihm dabei in die Augen. Zwei junge Männer kamen, und Marini verstand, daß es die Söhne von Klaios waren. Der Kapitän der Feluke kratzte sein ganzes Englisch zusammen: zwanzig Einwohner, Polypen, Fischerei, fünf Häuser, italienischer Besucher würde Unterkunft Klaios bezahlen. Die jungen Männer lachten, als Klaios über Drachmen verhandelte; und auch Marini, der sich mit den Jüngsten bereits angefreundet hatte, lachte. Er sah die Sonne über einem Meer aufgehen, das weniger dunkel war als aus der Luft betrachtet. Ein bescheidenes und sauberes Zimmer, ein Krug mit Wasser, der Geruch nach Salbei und nach gegerbtem Fell.

Sie ließen ihn allein und machten sich ans Beladen der Feluke, und Marini begab sich, nachdem er sich ungeduldig die Reisesachen ausgezogen und eine Badehose und Sandalen angezogen hatte, auf einen Gang über die Insel. Noch war kein Mensch zu sehen, die Sonne wurde allmählich wärmer, und ein feiner Geruch, ein wenig säuerlich und mit dem Jod des Windes vermischt, kam von dem Buschwerk her. Es mußte zehn Uhr sein, als er den Felsen im Norden erreichte und die größere der Klippen erkannte. Er zog es vor, allein zu bleiben, obschon er lieber am Sandstrand gebadet hätte; die Insel durchdrang ihn ganz, und er genoß sie mit einer solchen Vertrautheit, daß er nicht fähig war, zu denken oder sich für etwas zu entscheiden. Die Haut brannte ihm von der Sonne und dem Wind, als er sich auszog, um von einem Felsen ins Meer zu springen. Das kalte Wasser tat ihm gut, er ließ sich von heimtückischen Strömungen bis zum Eingang einer Grotte treiben, kehrte dann zum offenen Meer zurück, legte sich auf den Rücken und war mit allem einverstanden in einem einzigen Akt der Aussöhnung, was zugleich auch ein Name sein konnte für die Zukunft. Er hatte nicht den geringsten Zweifel, daß er nie mehr von der Insel gehen, daß er auf irgendeine Weise für immer auf der Insel bleiben würde. Er konnte sich seinen Bruder vorstellen, Felissa, ihre Gesichter, wenn sie erfuhren, daß er sein Leben mit Fischfang auf einem einsamen Felsen verbrachte. Als er sich um sich selbst drehte, um ans Ufer zu schwimmen, hatte er sie bereits vergessen.

Die Sonne trocknete ihn sofort. Er ging hinunter zu den Häusern, wo ihn zwei Frauen erschrocken ansahen, ehe sie davonliefen, um sich einzuschließen. Er grüßte ins Leere und stieg zu den Netzen hinab. Einer von Klaios' Söhnen wartete am Strand auf ihn. Marini wies aufs Meer und lud ihn ein. Der Junge zögerte, zeigte auf seine Tuchhosen und sein rotes Hemd. Dann eilte er in eins der Häuser und kehrte fast nackt zurück. Zusammen warfen sie sich in das bereits lauwarme Meer, das unter der Elfuhrsonne glänzte.

Als sie sich auf dem Sand trocknen ließen, fing Ionas an, die Dinge zu benennen. »Kaliméra«, sagte Marini, und der Bursche bog sich vor Lachen. Dann wiederholte Marini die neuen Sätze und lehrte Ionas italienische Wörter. Die Feluke, nun schon am Horizont, wurde immer kleiner. Marini fühlte, daß er jetzt wirklich allein auf der Insel war mit Klaios und den Seinen. Er würde ein paar Tage vergehen lassen, für sein Zimmer zahlen und das Fischen lernen. Eines Nachmittags, wenn sie ihn schon gut kannten, würde er ihnen davon sprechen, zu bleiben und mit ihnen zu arbeiten. Er stand auf, gab Ionas die Hand und begann langsam zur Anhöhe zu laufen. Der Weg war steil, und er kletterte Schritt für Schritt nach oben, wobei er sich ab und zu verzückt umdrehte, um die Netze am Strand zu betrachten, die Silhouetten der Frauen, die angeregt mit Ionas sprachen und ihn von der Seite anblickten, lachend. Als er den grünen Fleck erreicht hatte, trat er in eine Welt, in der sich der Geruch nach Thymian und Salbei mit dem

Feuer der Sonne und der Brise des Meers zu einer einzigen Materie vermischte. Marini sah auf seine Armbanduhr, riß sie mit ungeduldiger Bewegung vom Handgelenk und verwahrte sie in der Tasche seiner Badehose. Es würde nicht einfach sein, den einstigen Menschen in ihm zu töten, aber hier auf der Höhe, von Sonne und Raum getragen, spürte er, daß es möglich war. Er befand sich in Xiros, er befand sich dort, wohin zu gelangen er so viele Male bezweifelt hatte. Er ließ sich zwischen die heißen Steine auf den Rücken fallen, ertrug ihre Kanten und glühenden Seiten und schaute senkrecht in den Himmel. Aus der Ferne drang das Brummen eines Motors zu ihm.

Er schloß die Augen und sagte sich, er würde nicht nach dem Flugzeug sehen; er würde sich nicht anstecken lassen von seinem anderen, schlechteren Selbst, das wieder einmal die Insel überflog. Aber in der Dämmerung der Augenlider stellte er sich Felissa vor mit den Tabletts, in ebendiesem Moment teilte sie die Tabletts aus, und er sah seinen Stellvertreter, Giorgio vielleicht oder ein anderer von einer anderen Linie, der gleichfalls lächelte, während er die Weinflasche oder den Kaffee hinstellte. Unfähig, gegen so viel Vergangenheit anzukämpfen, öffnete er die Augen und richtete sich auf. Im gleichen Augenblick sah er die rechte Tragfläche des Flugzeugs fast über seinem Kopf, sie neigte sich unerklärlicherweise; die Turbinen hatten einen anderen Klang, der Absturz ins Meer geschah beinah senkrecht. Im vollen Lauf eilte er den Hügel hinunter, stieß gegen Felsen und riß sich einen Arm an den Dornen auf. Die Insel verbarg ihm die Absturzstelle, aber er kürzte ab, noch ehe er den Strand erreichte, rannte quer über die ersten Ausläufer des Hügels und kam zum kleineren Strand. Hundert Meter vor ihm versank das Heck des Flugzeugs in einem vollkommenen Schweigen. Marini nahm Anlauf und warf sich ins Meer. Er wartete, daß das Flugzeug treiben würde, aber nichts war zu sehen außer der weichen Linie der Wellen und einem Pappkarton, der absurderweise in Nähe der Absturzstelle schaukelte. Als es fast keinen Sinn mehr hatte, weiterzuschwimmen, tauchte eine Hand aus dem Wasser auf, nur einen Augenblick, doch lang genug, daß Marini die Richtung ändern konnte. Er tauchte unter, bis er den Mann am Haar zu packen bekam. Dieser klammerte sich mit aller Kraft an ihn und trank mit heiserem Laut die Luft, die Marini ihn atmen ließ, ohne ihm zu nahe zu kommen. Indem er ihn langsam hinter sich herzog, gelang es ihm, ihn ans Ufer zu bringen. Als er den weißgekleideten Körper auf den Sand legte, blickte er in ein Gesicht voller Schaum, in das der Tod sich bereits eingenistet hatte. Blut trat aus einer riesigen Wunde am Hals. Was konnte die künstliche Beatmung noch helfen, wenn die Wunde sich nach jedem Zusammenziehen ein wenig mehr zu öffnen schien und wie ein abstoßender Mund war, der nach Marini rief, ihn aus seinem kleinen Glück so weniger auf der Insel verbrachten Stunden reißend und unter Gurgeln ihm etwas zuschreiend, das er nicht mehr hören konnte? Im vollen Lauf kamen Klaios' Söhne und hinter ihnen die Frauen. Als Klaios erschien, umstanden die jungen Leute den auf dem Sand liegenden Körper, ohne zu begreifen, wie er noch die Kraft gehabt hatte, ans Ufer zu schwimmen und verblutend sich bis hierher zu schleppen. »Schließ ihm die Augen«, bat weinend eine der Frauen. Klaios schaute aufs Meer und suchte nach einem anderen Überlebenden. Aber sie waren wie immer allein auf der Insel, und der Leichnam mit den offenen Augen war das einzige Neue zwischen ihnen und dem Meer.

DON DeLILLO

Schöpfung

Wir fuhren seit einer Stunde, über weite Strecken bergauf durch dampfenden Regen. Ich hatte mein Fenster eine Handbreit geöffnet, in der Hoffnung, etwas zu wittern, das Aroma von Duftsträuchern. Dort, wo die Straße am übelsten war, bremste unser Fahrer ab, ebenso in den engsten Kurven und wenn uns in den Dunstschleiern ein anderes Auto entgegenkam. Ab und zu war die Vegetation am Straßenrand weniger dicht, und der Blick öffnete sich auf reinen Urwald, undurchdringliche Senken zwischen den Hügeln. Jill las in ihrem Buch über die Rockefellers. Wenn sie einmal dabei war, wurde sie unerreichbar, wie unter starker Betäubung, und auf dem ganzen Hinweg sah ich nur einmal, dass sie von ihrem Buch aufschaute und ein paar spielende Kinder auf einem Feld betrachtete.

In beiden Richtungen herrschte wenig Verkehr. Die Autos, die uns entgegenkamen, tauchten jäh auf, klein, bunt, verbeult, dahindotzend wie in einem Comic, und unser Fahrer Rupert musste in dem heftigen Regen flink reagieren, um Zusammenstößen zu entgehen und den tiefen Furchen in der Straße und dem echten Dschungel, der uns entgegenwucherte, auszuweichen. Wenn einer Platz machen musste, das schien keine Frage zu sein, dann unser Fahrzeug, das Taxi.

Die Straße verlief nun ebener. Hin und wieder stand jemand zwischen den Bäumen und beäugte uns. Dampfende Schwaden waberten von den Höhen ins Tal. Ein kurzer Anstieg, dann erreichte der Wagen den Flughafen, eine Reihe kleiner Gebäude und ein Rollfeld. Der Regen hörte auf. Ich bezahlte Rupert, und wir trugen das Gepäck in den Terminal. Danach gesellte er sich draußen zu den anderen Männern in Sporthemden, und sie hielten in dem plötzlichen Sonnenglast einen Schwatz.

Der Raum war voller Menschen, Gepäck und Kisten. Jill setzte sich lesend auf ihren Koffer, umgeben von unseren Tragetaschen und dem restlichen Handgepäck. Ich drängelte mich zum Schalter durch und erfuhr, dass wir auf der Warteliste standen, Nummer fünf und sechs. Mein Gesichtsausdruck wurde nachdenklich. Ich sagte dem Mann, wir hätten den Flug von St. Vincent aus bestätigt. Er teilte mir mit, man hätte zweiundsiebzig Stunden vor dem Abflug noch einmal rückbestätigen müssen. Ich sagte, wir seien segeln gewesen; vor zweiundsiebzig Stunden hätten wir uns zwischen den Tobago Cays befunden – keine Menschen, keine Gebäude, keine Telefone. Er erwiderte, die Rückbestätigung sei obligatorisch. Er zeigte mir elf Namen auf einem Blatt Papier. Materieller Beweis. Wir waren Nummer fünf und sechs.

Ich ging zu Jill, um es ihr zu sagen. Sie ließ sich zwischen das Gepäck sinken, ein stilisierter Kollaps. Sie kostete ihn aus. Dann führten wir einen Pro-forma-Dialog. Sie brachte sämtliche Argumente, die ich gerade dem Mann am Schalter gegenüber geäußert hatte. Von St. Vincent aus bestätigt. Yacht gechartert. Unbewohnte Inseln. Und ich wiederholte alles, was er mir zur Antwort gegeben hatte. Mit anderen Worten, sie spielte meine Rolle, ich seine, aber ich tat es in einem möglichst vernünftigen Tonfall und fügte plausible Informationen hinzu, um ihre Verärgerung abzumildern. Ich rief ihr außerdem in Erinnerung, dass es drei Stunden später den nächsten Flug gab. Damit kämen wir immer noch rechtzeitig nach Barbados für einen Sprung in den Pool vor dem Abendessen. Und nachher würde es kühl und sternenklar sein. Oder warm und sternenklar. Und wir würden die Brandung in der Ferne rauschen hören. Die Ostküste war ja für ihre rauschende Brandung bekannt. Und morgen Nachmittag würden wir wie geplant unser Flugzeug nach New York besteigen und hätten nichts verloren außer ein paar Stunden auf diesem authentischen kleinen Inselflughafen.

»Wie neoromantisch und wie angemessen für heute. Wie viele Leute passen in diese Flieger, vierzig?«

»Ach was, mehr«, sagte ich.

»Wie viel mehr?«

»Mehr halt.«

»Und wo stehen wir auf der Liste?«

»Fünf und sechs.«

»Nach den mehr als vierzig.«

»Ganz viele kommen gar nicht«, sagte ich. »Der Dschungel verschluckt sie.«

»Blödsinn. Guck dir doch die Leute an. Da kommen immer mehr.«

»Einige bringen nur jemanden zum Flughafen.«

»Lieber Gott, wenn er das glaubt, will ich ihn nicht auf meiner Seite haben. Die sollten alle überhaupt nicht hier sein, so sieht's aus. Wir haben Nebensaison.«

»Einige leben hier.«

»Und wir wissen auch genau, wer, nicht wahr?«

Das Flugzeug aus Trinidad landete, und der Lärm und der Anblick sorgten dafür, dass die Leute in der Nähe des Schalters nach vorn drängten. Ich ging außen herum auf die Seite und näherte mich von der Rückseite des Nebenschalters, wo noch ein paar Leute standen. Die rückbestätigten Passagiere bildeten eine Schlange vor der Passkontrolle.

Stimmen. Eine britische Frau sagte, der Flug am Spätnachmittag sei annulliert worden. Wir schoben uns allesamt näher heran. Zwei karibische Männer ganz vorn wedelten dem Angestellten mit ihren Tickets vor der Nase herum. Weitere Stimmen. Ich sprang mehrmals hoch, um über die Köpfe der versammelten Passagiere auf die unbefestigte Straße draußen zu schauen. Rupert war immer noch da.

Schnell nahmen die Dinge Gestalt an. Fracht und Gepäck durch eine Tür nach draußen, Passagiere durch die andere. Mir wurde klar, dass jetzt nur noch die Kandidaten von der Warteliste übrig waren. Die Leute, die den Schalter verließen, wirkten wie angetrieben von einer tiefen, rettenden Kraft. Als wäre eine primitive Taufe im Gange. Wir Restlichen drängten uns um den Angestellten. Er machte Häkchen hinter einige Namen und strich andere durch.

»Die Maschine ist voll«, sagte er. »Die Maschine ist voll.«

Acht oder zehn Gesichter waren übrig, mit dem matten Ausdruck des leidenden Reisenden. Diverse Arten Englisch wurden gesprochen. Jemand schlug vor, wir sollten uns zusammentun und ein Flugzeug chartern. Das sei hier ziemlich üblich. Jemand anders erwähnte einen Neunsitzer. Der Erste schrieb Namen auf und ging mit ein paar anderen auf die Suche nach dem Charterbüro. Ich fragte den An-gestellten nach dem Spätnachmittagsflug. Er wusste nicht, warum der annulliert worden war. Ich bat ihn, Jill und mich auf den ersten Flug des nächsten Tages zu buchen. Er komme nicht an die Passagierliste heran, sagte er. Er könne uns nur auf die Warteliste setzen. Morgen früh wüssten wir alle mehr.

Jill und ich schoben unser Gepäck mit den Füßen zur Tür. Einer der Charterkandidaten kam noch mal, um uns zu sagen, dass später am Tage vielleicht ein Flugzeug zu organisieren sei – allerdings nur ein Sechssitzer. Das schien uns auszuschließen. Ich gab Rupert ein Zeichen, und wir trugen die Sachen zum Auto. Rupert hatte ein längliches Gesicht und eine Lücke zwischen den Schneidezähnen, über seiner Brusttasche trug er eine Silbermedaille – einen aufwendig gestalteten ovalen Orden an einem mehrfarbigen Stoffstreifen.

Jill setzte sich auf die Rückbank und las. Rupert, neben dem Kofferraum stehend, sagte, er kenne ein Hotel nicht weit vom Hafen. Sein Blick irrte ständig nach rechts. Eine Frau stand ein paar Schritte entfernt und wartete sehr ruhig ab, bis wir ausgeredet hatten. Ich meinte, sie am Rand der Menge im Terminal gesehen zu haben. Sie trug ein graues Kleid und hatte eine Handtasche dabei. Zu ihren Füßen stand ein kleiner Koffer.

»Bitte, mein Taxi ist schon zurückgefahren«, sagte sie zu mir.

Sie war blass, hatte ein weiches, unansehnliches Gesicht mit vollen Lippen und kurz geschnittene braune Haare. Sie hielt die Rechte vor die Stirn, um die Augen vor dem

Sonnenlicht zu schützen. Wir verabredeten, uns die Taxi-kosten zum Hotel zu teilen und morgen früh auch wieder zusammen herzufahren. Sie sagte, sie sei Nummer sieben gewesen.

Auf dem ganzen Rückweg war es heiß und grell. Die Frau saß vorn neben Rupert. In Abständen drehte sie sich zu Jill und mir um und sagte: »Furchtbar, einfach furcht-bar, was für ein System die hier haben«, oder »Ich begreife nicht, wie die ökonomisch überleben können«, oder »Die konnten mir nicht mal garantieren, dass ich morgen hier wegkomme«.

Als wir anhielten, um ein paar Ziegen über die Straße zu lassen, kam eine Frau zwischen den Bäumen hervor und wollte uns Muskatnüsse in kleinen Plastiktüten verkaufen.

»Wo stehen wir auf der Liste?«, fragte Jill.

»Zwei und drei diesmal.«

»Um wie viel Uhr geht der Flug?«

»Viertel vor sieben. Wir müssen um sechs dort sein. Rupert, wir müssen um sechs dort sein.«

»Ich fahre Sie.«

»Wo fahren wir jetzt hin?«, fragte Jill.

»Hotel.«

»Klar, Hotel. Was für ein Hotel?«

»Hast du mich da hinten springen sehen?«

»Das hab ich verpasst.«

»Ich bin hochgesprungen.«

»Barbados klappt nicht, oder?«, sagte sie.

»Lies dein Buch«, sagte ich zu ihr.

Die Ketsch ankerte immer noch im Hafen. Ich zeigte sie der Frau vorn und erklärte ihr, dass wir die letzten anderthalb Wochen an Bord verbracht hätten. Sie drehte sich um und lächelte schwach, als sei sie zu müde, um meinen Bemerkungen zu folgen. Wir waren in den Hügeln, unterwegs Richtung Süden. Mir wurde klar, was diese Hafenstadt weniger blass und beliebig wirken ließ als die anderen kleinen Häfen, die wir angelaufen hatten. Steinhäuser. Es sah fast mediterran aus.

Im Hotel bekamen wir problemlos ein Zimmer. Rupert sagte, er würde uns am nächsten Morgen um fünf erwarten. Zwei Zimmermädchen gingen über den Strand voraus, ein Träger folgte. Wir teilten uns in zwei Gruppen auf, und Jill und ich wurden zu einer sogenannten »Pool-Suite« geführt. Hinter einer drei Meter hohen Mauer befand sich ein privater Garten mit Hibiskus, diversen Sträuchern und einem Kapokbaum. Der kleine Pool gehörte auch uns. Auf der Terrasse begrüßte uns eine Schale voller Bananen, Mangos und Ananas.

»Gar nicht so übel«, sagte Jill.

Sie schlief eine Weile. Ich ließ mich im Pool treiben und spürte, wie die unbehagliche Anspannung von mir abfiel, der Ärger, wenn man irgendwo als Gruppe hinkommen wollte – organisiertes Reisen. Dieser Ort hier war so nah an der Vollkommenheit, dass wir uns nicht einmal klarmachen wollten, was für ein Glück wir hatten, hergebracht worden zu sein. Die besten neuen Orte mussten vor unseren eigenen Freudenschreien geschützt werden. Wir würden wochen- oder monatelang die Worte zurückhalten, bis zu dem milden Abend, an dem uns eine beiläufige Bemerkung ins Erinnern brachte. Wahrscheinlich glaubten wir gemeinsam daran, dass eine falsche Stimme eine Landschaft entwerten konnte. Diese Empfindung selbst blieb unausgesprochen und war eine der Quellen unserer Nähe.

Ich schlug die Augen auf und sah windgetriebene Wolken – *jagende* Wolken – und einen einzelnen Fregattvogel, der mit langen, ausgebreiteten, ruhigen Schwingen auf einem Luftstrom segelte. Die Welt und alle Dinge darin. Ich war nicht so einfältig zu glauben, ich befände mich im Schoß irgendeines Uraugenblicks. Dieses Hotel war ein modernes Produkt, so entworfen, dass die Menschen das Gefühl bekamen, die Zivilisation hinter sich gelassen zu haben. Aber ebenso wenig, wie ich naiv war, hatte ich Lust, mir diesen Ort durch Skepsis zu verderben. Wir hatten einen halben Tag schierer Frustration hinter uns, lange Fahrten hin und zurück, und das kühlende Süßwasser auf meiner Haut, der über dem Ozean aufsteigende Vogel und die Geschwindigkeit dieser tief fliegenden Wolken, ihre massiven, sich überschlagenden Gipfel und mein schwereloses Dahintreiben, meine langsamen Drehungen im Pool – wie ein ferngesteuerter Rausch – gaben mir das Gefühl, ich wüsste, was es bedeutete, auf der Welt zu sein. Es war besonders, ja. Der Traum von der Schöpfung, der bei der Suche des ernsthaften Reisenden am Rande aufschimmert. Fehlte nur noch Jill, die durch die transparenten Vorhänge schritt und sich lautlos in den Pool gleiten ließ.

Wir aßen im Pavillon zu Abend, mit Blick über das ruhige Meer. Die Tische waren nur zu einem Viertel besetzt. Die europäische Frau, unsere Taxigefährtin, saß in der hintersten Ecke. Ich nickte ihr zu. Entweder sah sie es nicht oder wollte nicht reagieren.

»Sollten wir sie nicht an unseren Tisch bitten?«

»Sie will nicht«, sagte ich.

»Schließlich sind wir Amerikaner. Wir sind berühmt dafür, andere Menschen zu uns zu bitten.«

»Sie hat sich den abgelegensten Tisch ausgesucht. Sie fühlt sich wohl dort.«

»Sie könnte eine Wirtschaftsexpertin aus dem Sowjetblock sein. Was meinst du? Oder eine, die eine Gesundheitsstudie für die UNO macht.«

»Ganz daneben.«

»Eine recht junge Witwe, Schweizerin, die das Vergessen sucht.«

»Keine Schweizerin.«

»Deutsche«, sagte sie.

»Genau.«

»Die ziellos über die Inseln streunt. An den abgelegensten Tischen sitzt.«

»Die waren nicht überrascht, als ich sagte, wir hätten das Frühstück gern um halb fünf.«

»Die ganze Insel muss sich nach dieser stinkenden Drecks-Airline richten. Das ist grässlich, einfach grässlich.«

Jill trug eine lange Tunika über einer Hose aus Chiffon. Wir ließen unsere Schuhe unter dem Tisch stehen und schlenderten über den Strand, einmal sogar ins Wasser, bis zu den Knien. Ein Security-Mann stand unter den Palmen und behielt uns im Blick. Als wir an den Tisch zurückkehrten, brachte ein Kellner Kaffee.

»Es besteht immer noch die Möglichkeit, dass sie zwei von der Warteliste mitnehmen können, aber nicht drei«, sagte Jill. »Ich muss auf jeden Fall am Mittwoch zurück sein, aber ich finde trotzdem, wir sollten zusammen reisen.«

»Wir sind ein Team. Wir sind die ganze Zeit ein Team gewesen.«

»Wie viele Flüge gibt es morgen nach Barbados?«

»Nur zwei. Was ist am Mittwoch?«

»Bernie Gladman kommt aus Buffalo runter.«

»Und meilenweit verbrannte Erde.«

»Es hat ja nur sechs Wochen gedauert, den Termin zustande zu kriegen.«

»Wir kommen weg. Wenn nicht um sechs-fünfundvierzig, dann am Spätnachmittag. Wenn das passiert, verpassen wir natürlich unseren Anschlussflug in Barbados.«

»Das will ich gar nicht hören«, sagte sie.

»Es sei denn, wir fliegen stattdessen nach Martinique.«

»Du bist der einzige Mann, der je begriffen hat, dass Langeweile und Angst für mich ein und dasselbe sind.«

»Ich versuche, dieses Wissen nicht auszunutzen.«

»Du bist wahnsinnig gern langweilig. Du suchst nach besonders langweiligen Situationen.«

»Flughäfen.«

»Stundenlange Taxifahrten«, sagte sie.

Zuerst beugten sich die Palmwipfel. Dann schlug der Regen zu und klatschte in schweren Spritzern auf den Steinpfad. Als er nachließ, gingen wir über den Rasen zu unserer Suite.

Jill beim Ausziehen zuschauen. Rum im Zahnputzglas. Klang und Kraft des Windes. Das Spannen der Haut um die Augen nach zehn Tagen Sonne und windigem Wetter.

Ich konnte schlecht einschlafen. Nachdem sich der Wind endlich gelegt hatte, war das Erste, was ich hörte, das Krähen der Hähne, es schienen Hunderte zu sein, hinten in den Hügeln. Minuten später fingen die Hunde an zu bellen.

Wir fuhren im ersten Tageslicht los. Neun Männer mit Macheten tappten im Gänsemarsch an der Straße entlang.

Wir stellten fest, dass die andere Frau Christa hieß. Sie und Jill plauderten auf den ersten Kilometern ein wenig. Dann senkte Jill den Kopf und wandte sich ihrem aufgeschlagenen Buch zu.

Kurz regnete es.

Ich hatte um diese Zeit vielleicht mit einem halben Dutzend Leute im Flughafen gerechnet. Er war proppenvoll. Alle drängten sich um den Schalter. Vor lauter Gepäckstücken und Kisten und Vogelkäfigen und kleinen Kindern kam man kaum an ihn heran.

»Wahnsinn«, sagte Jill. »Wo sind wir? Ich glaube es nicht.«

»Wenn das Flugzeug hier ankommt, wird es leer sein oder beinahe leer. Darauf zähle ich. Und viele dieser Leute stehen auf der Warteliste. Wir sind Nummer zwei und drei, nicht vergessen.«

»Gott, wenn es dich gibt, hol mich hier raus.«

Sie war kurz vorm Weinen. Ich ließ sie an der Tür stehen und versuchte, zum Schalter durchzukommen. Ich hörte, wie das Flugzeug herankam und landete.

In Minutenschnelle waren die regulären Passagiere fast alle abgefertigt und bildeten eine Schlange quer durch den Raum. Die Hitze war jetzt schon schweißtreibend. Unter uns, die wir im Pulk stehen blieben, gab es kleine Verzweiflungsausbrüche – ein Ungestüm von Bewegung, Gestik und Mimik.

Ich hörte, wie der Angestellte unsere Namen aufrief. Ich ging zum Schalter und beugte mich weit hinüber. Sein Kopf und meiner berührten sich fast. Einer von uns würde fliegen, sagte ich zu ihm, und einer nicht. Ich gab ihm Jills Flugschein. Dann hetzte ich zurück, um ihr Gepäck zu holen und es zu der kleinen Plattform neben dem Schalter zu tragen. Ihr Mund klaffte auf, und ihre Arme schnellten zur Seite, eine Stummfilmpose der Überraschung. Sie kam mit einem meiner Gepäckstücke hinter mir her.

»Du fliegst allein«, sagte ich. »Du musst an dem Schalter ein Formular ausfüllen. Wo ist dein Pass?«

Als ich das Gepäck los war, begleitete ich sie zur Passkontrolle und hielt eine ihrer Tragetaschen, während sie das gelbe Formular ausfüllte. Zwischen den einzelnen Feldern warf sie mir immer wieder besorgte Blicke zu. Überall Verwirrung. Der Raum ringsum Glas, Licht.

»Hier ist Geld für die Flughafensteuer. Sie konnten nur einen von uns unterbringen. Es wäre dumm, wenn du nicht fliegen würdest.«

»Aber wir waren uns doch einig.«

»Es wäre dumm, nicht zu fliegen.«

»Das gefällt mir nicht.«

»Das schaffst du schon.«

»Und du?«

»Ich heirate eine Eingeborene und lerne malen.«

»Wir können ein Flugzeug chartern. Komm, das versuchen wir, auch wenn wir nur zu zweit sind.«

»Das ist hoffnungslos. Nichts funktioniert hier.«

»Ich mag aber so nicht abreisen. Das ist so furchtbar. Ich will nicht weg.«

»Jill, Schatz«, sagte ich.

Ich sah ihr nach, wie sie am Heck auf die Gangway zuging. Bald drehten sich die Propeller. Ich ging hinein und sah Christa an der Tür stehen. Ich holte mein Gepäck und ging nach draußen. Rupert saß auf einer Bank vor dem Souvenirladen. Ich musste ungefähr zehn Meter die Straße entlanggehen, bevor es mir gelang, seine Aufmerksamkeit zu erregen. Ich drehte mich nach Christa um. Sie hob ihren Koffer hoch. Dann setzten wir uns alle drei von unseren verschiedenen Positionen in Bewegung, auf das Auto zu.

Langsam wusste ich schon, wann eine bestimmte Häusergruppe auftauchen würde, wo die schlimmsten Kurven lagen, wann und auf welcher Seite das Gelände abfiel und zu einem Stück dichten Urwalds wurde. Sie saß neben mir und rieb geistesabwesend über einen Insektenstich am linken Unterarm.

Wir gingen in dasselbe Hotel, und ich fragte nach einer Pool-Suite. Wir folgten einem Zimmermädchen den Strand entlang und dann den Pfad hoch zu einem der Gartentore. So wie Christa auf den Garten und den Pool reagierte, wurde mir klar, dass sie die vorige Nacht in einem der ganz normalen Strandbungalows verbracht hatte.

Als wir allein waren, folgte ich ihr ins Bad. Sie nahm eine Lotion aus ihrer Schminktasche und tränkte einen Wattebausch damit. Dann strich sie langsam mit der Watte über ihr Gesicht.

»Du warst Nummer sieben«, sagte ich.

»Sie haben nur vier mitgenommen.«

»Wärst du allein hierher zurückgefahren? Oder auf dem Flughafen geblieben?«

»Ich habe sehr wenig Geld. Ich habe nicht damit gerechnet.«

»Die haben keinen Computer.«

»Ich bin rausgefahren. Ich hatte von meinem Hotel aus
angerufen. Sie führen verschiedene Listen. Zweimal konnten sie meinen Namen nirgendwo finden. Und man erfährt
einfach nicht, wenn ein Flug annulliert wird.«

»Das Flugzeug kommt nicht.«

»Das stimmt«, sagte sie. »Das Flugzeug kommt nicht,
und man weiß, dass man für nichts und wieder nichts rausgefahren ist.«

Ich hielt ihr Gesicht in den Händen.

»Ist das nichts?«

»Ich weiß nicht.«

»Du fühlst doch.«

»Ja, ich fühle.«

Sie ging hinein und setzte sich aufs Bett. Dann schaute sie
zur Tür und nahm mich wahr – eine verspätete Musterung.
Nach einer Weile, in der Totenstille zu herrschen schien,
wurde mir das sanfte Geräusch der heranrollenden Wellen
bewusst und dass ich es die ganze Zeit gehört hatte, den
Ozean, das Brechen und Auslaufen des bewegten Wassers.
Christa betrachtete mich weiter, während sie nach ihrer
Handtasche griff, die hinter ihr mitten auf dem Bett stand,
und auch, während sie drinnen nach Zigaretten tastete.

»Wie viel Geld hast du?«, fragte ich.

»Hundert Dollar, in europäischer Währung.«

»Weniger als zwei Taxifahrten hin und zurück.«

»Ja, lustig. Das ist jetzt die Berechnungseinheit für unser
Geld.«

»Hast du letzte Nacht geschlafen?«

»Nein«, sagte sie.

»Der Wind war unglaublich. Hat die ganze Zeit geblasen. Heftig, bis zum Morgengrauen. Ich liebe es, wie diese Art Wind klingt und sich anfühlt. Er war warm, fast heiß. Er hat diese Bäume da draußen gebeugt. Man konnte das Rauschen in den Bäumen hören. Dieses schwere, rauschende Prasselgeräusch.«

»Bei der Lautstärke, bei der Windstärke konnte man sich gar nicht vorstellen, dass er warm war.«

Wenn alles neu ist, liegt der Spaß auf der Haut. Ich fand es rätselhaft befriedigend, ihren Namen laut auszusprechen und die Farben ihres Körpers aufzusagen. Haare und Augen und Hände. Der Neuschnee ihrer Brüste. Absolut gar nichts wirkte banal. Ich wollte am liebsten Listen und Klassifizierungen aufstellen. Schlicht, grundlegend, wahr. Ihre Stimme war weich und wissend. Ihre Augen waren traurig. Manchmal zitterte ihre linke Hand. Sie war eine Frau, die schwere Zeiten hinter sich hatte, eine quälend schlechte Ehe vielleicht oder den Tod eines nahen Freundes. Ihr Mund war sinnlich. Beim Zuhören ließ sie den Kopf in den Nacken sinken. Das Braun ihrer Haare war nichts Besonderes, etwas Grau war darin, feine Strähnen oder Reflexe, die je nach Lichteinfall zu kommen und zu gehen schienen.

All das sagte ich ihr und mehr, beschrieb ihr ziemlich detailliert, wie ich sie sah, und Christa schien sich über diese Aufmerksamkeit zu freuen.

Wir nutzten den Morgen im Bett. Nach dem Mittagessen ließ ich mich im Pool treiben. Christa lag nackt im Schatten, zog sich immer weiter dorthin zurück, sobald die

Sonnenlinie ihren Ellbogen oder den Rand ihrer rosa Ferse erreichte.

»Wir müssen allmählich nachdenken«, sagte sie. »Es gibt ein Flugzeug um fünf.«

»Wir stehen nicht mal mehr auf der Warteliste. Wir sind los, ohne ihnen zu sagen, dass sie unsere Namen aufrücken lassen sollen. Es ist sinnlos.«

»Ich muss weg.«

»Ich rufe nachher an. Ich nenne ihnen unsere Namen. Dann sehen wir, an welcher Stelle wir stehen. Wir können morgen fliegen. Morgen gibt es drei Flüge.«

Sie schlang ein großes Handtuch um sich und setzte sich auf die Treppe zur Terrasse. Ganz eindeutig wollte sie etwas sagen. Ich stand im brusthohen Wasser.

Dies sei schon der vierte Tag, an dem sie versuche, von der Insel wegzukommen. In den letzten vierundzwanzig Stunden sei sie allmählich immer ängstlicher geworden. Durch die Strapazen am Flughafen, sagte sie, fühle sie sich hilflos und lächerlich und verloren. Die hätten so eine komische Art zu sprechen hier. Ihre dahinschwindenden Geldbestände. Die Taxifahrten durch die Hügel. Der Regen, die Hitze. Und die Schärfe, die dunkle Schärfe, die eingewirkte Stimmung oder Tonlage, die ominöse Logik dieses Ortes. Es sei alles wie im Traum, einem Albtraum von Isolation und Zwang. Sie müsse unbedingt von der Insel weg. Wir würden diese Stunden zusammen haben. Diese Episode, wie sie es nannte. Aber dann müsse ich ihr helfen, wegzukommen.

Sie sah feierlich aus in ihrem weißen Handtuch. Ich hüpfte ein paarmal im Wasser auf und ab. Dann stieg ich aus dem Pool und ging nach drinnen, um die Airline anzurufen. Ein Mann sagte, er hätte unsere Namen nirgendwo. Ich sagte ihm, dass wir gültige Tickets hätten, und erklärte einige unserer Schwierigkeiten. Er sagte, wir sollten um sechs Uhr früh erscheinen. Dann wüssten wir alle mehr.

Wir aßen in der Suite zu Abend. Mit einem Bleistift skizzierte ich ihr Gesicht auf der Rückseite einer Leinenserviette. Den Nachtisch nahmen wir mit nach draußen in den Garten. Ich zeichnete sie noch einmal, diesmal die ganze Gestalt, auf einem Blatt Hotelbriefpapier. Den Ozean. Den Schwung der Küste.

»Du malst also?«

»Ich schreibe.«

»Aha, ein Schriftsteller?«

»Was riecht hier so fantastisch? Ist das Jasmin? Wenn ich bloß wüsste, wie das heißt.«

»Sehr angenehm, so ein Garten.«

»Abgesehen vom Wegkommen, einfach von der Insel wegzukommen, musst du irgendwann irgendwo sein?«

»Ich muss Barbados–London fliegen. Es gibt Leute, die mich da treffen wollen.«

»Leute, die warten.«

»Ja.«

»In einem englischen Garten.«

»In zwei Räumen mit schreienden Babys.«

»Du lächelst. Sie lächelt.«

»Das ist ein Riesending.«

»Ein heimliches Lächeln hat sie da. Tief und privat. Aber doch einnehmend.«

»Das hat seit Jahren niemand gesehen. Es tut mir im Gesicht weh.«

»Christa Landauer.«

Ein Mann kam mit Brandy. Christa saß in einem alten Morgenmantel da. Die Nacht war klar.

»Du hast den Wunsch, nicht aufzufallen«, sagte ich.

»Woran merkst du das?«

»Du willst undefiniert sein. Das merke ich an verschiedenen Dingen. Kleidung, Gang, Haltung. Am meisten an deinem Gesicht. Vor nicht allzu langer Zeit hattest du ein anderes Gesicht. Da bin ich mir sicher.«

»Was wissen wir noch voneinander?«

»Was wir sehen können.«

»Berühren. Was wir berühren können.«

»Sprich deutsch«, sagte ich.

»Wieso?«

»Ich höre es gern.«

»Kannst du die Sprache?«

»Ich möchte den Klang hören. Ich mag den Klang. Voller Heavy Metal. Ich kann Hallo und Auf Wiedersehen sagen.«

»Sonst nichts?«

»Sprich natürlich. Sag irgendwas. Red einfach.«

»Wir werden im Bett deutsch sein.«

Sie saß in einem Sessel, ohne Morgenmantel, ein Bein über der Lehne, und hielt ihr Brandyglas und die Zigarette in einer Hand.

»Hörst du?«

»Wen oder was?«

»Hör genau hin.«

»Die Wellen«, sagte sie.

Eine Weile später gingen wir hinein. Ich beobachtete,

wie sie zum Bett schritt. Sie schob ein Kissen weg und legte sich auf den Rücken, den Blick zur Decke, einen Arm ließ sie seitlich herunterhängen. Mit dem Zeigefinger aschte sie auf den Boden. Rauch wanderte ihren Arm empor. Frauen in ungezwungenen Stellungen, Frauen, die sich räkeln, haben schon immer massives Entzücken bei mir erregt, Frauen in lässiger, ruhender Pose, und ich wusste, dass dieses Bild von Christa mit der Zeit zu einer wiederkehrenden Erinnerung werden würde, ihre geöffneten, unnahbaren Augen, die Tiefen der Stille in ihrem Gesicht, der abgetragene Morgenmantel, das zerwühlte Bett, ihre nachdenkliche, grüblerische Ausstrahlung voll Einsamkeit und finsterer Ferne, der Rauch, der an ihrem Arm hochstieg, sich daran festzuklammern schien.

Ich rief die Rezeption an. Der Mann sagte, er würde jemanden um halb fünf mit dem Frühstück vorbeischicken, und Rupert wäre dann um fünf mit seinem Taxi vor der Tür.

Plötzlich kam eine Windbö und rüttelte an den Fensterläden und blies durchs ganze Zimmer, Papiere segelten umher, die Vorhänge bauschten sich. Christa drückte ihre Zigarette aus und löschte das Licht.

Als ich viel später die Augen aufschlug, war die Schreibtischlampe an, und sie saß in ihrem Morgenmantel auf einem Sessel und las in irgendwelchen Papieren. Ich wollte nach meiner Armbanduhr greifen. Tür und Fensterläden waren geschlossen, aber ich konnte den Regen hören.

»Wie spät ist es?«

»Schlaf weiter.«

»Haben wir den Weckruf verpasst?«

»Es ist noch Zeit. Sie werden am Tor klingeln. Noch eine Stunde.«

»Ich will dich bei mir.«

»Ich muss noch fertig machen«, sagte sie. »Schlaf weiter.«

Ich schaffte es, mich auf einen Ellbogen zu stützen.

»Was liest du gerade?«

»Arbeit. Sehr öde. Willst du nicht wissen. Wir fragen nicht, du und ich. Du schläfst halb, sonst würdest du gar nicht fragen.«

»Kommst du bald ins Bett?«

»Ja, bald.«

»Wenn ich schlafe, weckst du mich?«

»Ja.«

»Schiebst du die Tür ein bisschen auf, damit wir die Luft spüren?«

»Ja«, sagte sie. »Natürlich. Alles, was du willst.«

Ich streckte mich aus und schloss die Augen. Ich dachte an die Sandinseln da draußen, zwei Tage Segeln, und die Brandung, die über die Riffe sprühte, und dass die Unterseiten der Möwen vom hellen Wasser aus grün wirkten.

Und wieder die breitblättrigen Bäume und das Dickicht der Senken, der kurvenreiche Anstieg durch Dunst und Regen. Irgendetwas am Licht dieses Morgens verlieh der Landschaft eine subtile Färbung. Die Abstände wirkten nicht so plastisch und lebendig. Es gab nur das eine Tiefgrün mit trügerischen Schattierungen. Wir waren jetzt auf dem letzten Stück, ungefähr eine Dreiviertelstunde unterwegs, und ich dachte, es könnte sich immer noch ändern, ein jäher Wetterumschwung könnte das Land immer noch verwandeln, Textur und Dimension hervorbringen, Aufbäumen grünen Lichtes, derlei Wabern und Strahlen und die Fastbewusstheit, die man stets auf überwuchertem Gelände feststellt. Christa rieb sich schläfrig den Nacken. Ich spähte die ganze Zeit nach draußen und nach oben. Im Vordergrund liefen Frauen in verwaschenen Röcken zu zweit und dritt am Straßenrand entlang, Frauen mit markanten Gesichtszügen, die von Zeit zu Zeit im feuchten Schimmer auftauchten, einige mit Körben auf dem Kopf, sie lugten ins Auto, die Schultern nach hinten gezogen, die nackten Arme glänzend.

»Diesmal kommen wir weg«, sagte Christa.

»Du meinst, du hast Glück.«

»Wir müssen nicht mal warten. Erster Flug.«

»Was, wenn es nicht so kommt?«

»Das darfst du nicht mal flüstern.«

»Kommst du mit mir zurück?«

»Ich höre gar nicht zu.«

»Es wäre verrückt, dazubleiben«, sagte ich. »Sieben oder acht Stunden warten. Wir erfahren unseren Status. Ich kläre alles mit dem Mann. Rupert wird auf uns warten. Und uns ins Hotel zurückbringen. Dann haben wir noch etwas Zeit miteinander. Und dann fahren wir wieder hin. Wir kriegen den Zweiuhrflug oder den Fünfer, je nach unserem Status. Wichtig ist jetzt nur, unseren Status zu klären.«

Rupert hörte Radio, seine Schultern lehnten sich in die knappe Kurve.

»Macht dir das so einen Spaß«, fragte sie, »hin und her?«

»Ich lass mich gern treiben.«

»Das ist keine Antwort.«

»Doch, ich lass mich wirklich gern treiben. Das versuche ich bei jeder Gelegenheit.«

»Du solltest zurückfahren. Dich sechs Wochen lang treiben lassen.«

»Nicht allein«, sagte ich.

Sie hatte dasselbe graue Kleid an wie vor zwei Tagen auf der Straße vor dem Terminal, als ich mich umdrehte und sie höflich an der Seite stehen sah, das Gesicht verzerrt im gleißenden Licht.

»Wie lange noch? Das hier kommt mir bekannt vor.«

»Minuten«, sagte ich.

»Hier sind wir mal fast von der Straße abgekommen, auf der ersten Fahrt, da hat der Kühler vorn gequalmt. Da hätte ich schon wissen müssen, dass es bis zum Ende eine Katastrophe sein würde.«

»Rupert würde es nie so weit kommen lassen, oder, Rupert?«

»Zugucken, wie das ganze Auto in Rauch aufgeht«, sagte sie.

Ich warf ihr einen Blick zu, und wir lächelten beide. Rupert klopfte im Takt der Musik aufs Lenkrad. Wir kamen an ein paar Häusern vorbei und erklommen die letzte Steigung.

Ich nahm Christas Ticket und bat sie, im Taxi zu warten. Auch das Gepäck sollte drinbleiben, bis wir sicher waren, an Bord gehen zu können. Draußen vorm Terminal hatten sich verschiedene Leute versammelt. Ein stämmiger Mann, Inder oder Pakistani, wartete an der Tür. Ich hatte ihn schon am Vortag am Schalter gesehen, er hatte in einem gestreiften Blazer eingekeilt dagestanden und geschwitzt.

Jetzt hatte er etwas an sich, etwas In-sich-Gekehrtes, eine fast gespenstische Ruhe, die mich auf die Idee brachte, bei ihm stehen zu bleiben.

»Es kursiert das Gerücht, sie wäre abgestürzt«, sagte er.

Wir sahen uns nicht an.

»Wie viele an Bord?«

»Acht Passagiere, drei Crewmitglieder.«

Ich ging hinein. Es befanden sich nur zwei Menschen im Terminal, und der Schalter war leer. Ich trat hinter den Schalter und öffnete die Tür zum Büro. Zwei Männer in weißen Hemden saßen einander gegenüber, zwischen ihnen Schreibtische, die Rücken an Rücken gestellt waren.

»Stimmt das?«, fragte ich. »Sie ist abgestürzt?«

Sie sahen mich an.

»Die Maschine aus Trinidad. Die Sechs-fünfundvierzig. Nach Barbados. Die ist nicht abgestürzt?«

»Der Flug ist annulliert«, sagte einer von ihnen.

»Draußen sagen die Leute, sie wäre in den verdammten Ozean gestürzt.«

»Nein, nein – annulliert.«

»Was ist passiert?«

»Start war unmöglich.«

»Böen«, sagte der zweite.

»Sie hatten eine ganze Reihe Probleme.«

»Ist also nur annulliert worden«, sagte ich, »und es gibt nichts Ernstes.«

»Sie haben nicht angerufen. Sie müssen anrufen, bevor Sie rausgefahren kommen. Immer anrufen.«

»Andere Leute rufen an«, sagte der Zweite. »Deshalb sind Sie ganz allein hier.«

Ich zeigte ihnen die Tickets, und einer von ihnen schrieb sich unsere Namen auf und sagte, er erwarte das Flugzeug hier rechtzeitig für den Abflug um zwei Uhr.

»Was für einen Status haben wir?«

Er sagte, ich solle anrufen, bevor ich rausführe. Ich ging durch den mittlerweile menschenleeren Terminal. Der stämmige Mann stand immer noch vor der Tür.

»Sie ist nicht runtergekommen«, teilte ich ihm mit.

Er sah mich an und dachte nach.

»Sie ist also in der Luft?«

Ich schüttelte den Kopf.

»Böen«, sagte ich.

Kinder rannten vorbei. Ruperts Taxi parkte in einem kleinen offenen Bereich etwa dreißig Meter entfernt. Keiner am Steuer. Als ich näher kam, sah ich, wie sich Christa auf dem Rücksitz nach vorn lehnte. Sie entdeckte mich und stieg aus und wartete an der geöffneten Tür.

Ich hielt es für das Beste, mit dem Gerücht vom Absturz anzufangen. Sie würde aufatmen, wenn sie hörte, dass das nicht stimmte. Und so auch die Annullierung leichter hinnehmen.

Aber als ich anfing, wurde mir klar, dass jegliche Taktik zwecklos war. Ihr Gesicht erstarb langsam. Sämtliche Ichs brachen nach innen ein. Sie wurde unzugänglich und totenstill. Ich redete immer weiter, sonst fiel mir nichts ein, und merkte, dass ich noch deutlicher sprach, als man es ohnehin schon Ausländern gegenüber tut. Es nieselte. Ich versuchte ihr zu erklären, dass wir höchstwahrscheinlich später am Tage wegkommen würden. Ich sprach langsam und deutlich. Die Kinder kamen angelaufen.

Christa bewegte die Lippen, sagte aber nichts. Sie schob sich an mir vorbei und hastete die Straße entlang. Sie war im Busch hinter einem Schuppen aus Teerpappe, als ich sie einholte. Zitternd fiel sie mir in die Arme.

»Alles ist gut«, sagte ich. »Du bist nicht allein, es wird nichts passieren, es ist doch nur ein Tag. Alles ist gut, alles ist gut. Wir werden einfach zusammen sein, sonst nichts. Nur noch ein Tag, sonst nichts.«

Ich hielt sie von hinten, sprach sehr leise, mein Mund an der Muschel ihres rechten Ohrs.

»Wir werden allein im Hotel sein. Fast die einzigen Gäste. Du kannst dich den ganzen Tag ausruhen und an nichts denken, gar nichts. Es ist egal, wer du bist oder warum du hier hängengeblieben bist oder wo du als Nächstes hinwillst. Du brauchst dich nicht einmal zu rühren. Leg dich in den Schatten. Ich weiß, du liegst gern im Schatten.«

Ich berührte ihr Gesicht sanft mit dem Handrücken, streichelte sie wieder und wieder, streicheln, dieses wunderschöne Wort.

»Wir werden einfach zusammen sein. Du kannst dich ausruhen und schlafen, und heute Abend trinken wir in Ruhe einen Brandy, dann wird es dir mit allem bessergehen. Ich weiß es, ich bin mir sicher, ich bin absolut davon überzeugt. Du bist nicht allein. Alles ist gut, alles ist gut. Wir haben nur noch diese letzten Stunden, sonst nichts. Und du wirst deutsch mit mir sprechen.«

Im Nieselregen gingen wir zurück, die Straße entlang zur offenen Tür des Taxis. Rupert saß am Steuer, seinen Orden an der Brust. Der Motor lief.

allein
Kassa, 1859

František Schön brauchte diese Zeit. Er hatte um zwei Tage nur für sich gebeten, und die Gräfin hatte sie ihm widerwillig und mit der einen oder anderen unüberhörbaren Bemerkung bewilligt. Zwar war er kein Leibeigener des Schlosses Csöke, aber es wurde dennoch nicht gern gesehen, wenn der berühmteste Frisuren- und Perückenmacher nicht uneingeschränkt zur Verfügung stand. Man konnte ja nie wissen, was kam. Oder wer. Es war schon schlimm genug, dass er zweimal im Jahr auf Reisen ging, aber nu ja, irgendwoher musste er die ganzen glitzernden und fließenden Attraktivitäten ja beschaffen, ach, es war ein Kreuz mit dem Personal.

František suchte als Erstes die Zvonárskastraße auf. Das Jiddisch, das allenthalben an sein Ohr schwappte, beruhigte ihn. Obwohl er nicht allzu viele Menschen hier mit Namen kannte, waren ihm ihre Gewohnheiten, ihr Sprechtempo, ja sogar ihre Mimik und Gestik im Innersten vertraut. Er hielt nach dem Rabbi Ausschau, halbherzig, denn eigentlich wusste er es besser, dass er den Rabbi am ehesten bei sich zu Hause antreffen würde und nicht müßiggehend auf offener Straße. Als Nächstes schlug er den Weg zum Friedhof ein. Dazu musste er die Stadt durchqueren. Es war

Markt, das arhythmische Geschnarre und Geschnatter der Magyaren drang aus einem Haus zu ihm herüber, aus einer Kutsche grüßte lässig eine Dame mit der Hand. Zigeuner lungerten um die Stände herum, besprachen sich über irgendein Geschäft, wogen ab, blieben dann aber doch untätig und mit hängenden Armen stehen. Jede Minderheit in diesem Vielvölkerstaat referierte, parlierte, schwadronierte im eigenen Idiom, Polnisch, Tschechisch, Kroatisch, Deutsch, Slowakisch, Ruthenisch, Rumänisch, Serbisch, Armenisch, Griechisch und natürlich Ungarisch, es war gut, dass František bei seinem Vater das noch hatte erlernen können, so waren ihm doch ganze vier Sprachen vertraut: Jiddisch, Slowakisch, Ungarisch und etwas Deutsch.

Er schlenderte seinen eigenen Gedanken nach durch die Gassen. Aus dem Alžbety-Dom purzelten Familiendolden auf die Straße, die alten Frauen mit ihren Kopftüchern, die jungen herausgeputzt mit hohen Hüten, die Männer ausstaffiert mit geblümter Weste unter dem Gehrock, Zylinder und Stock, hakten sich beieinander unter, sprachen im Plauderton und fanden allmählich in diesen Tag. Mit einer leicht befremdeten Ehrfurcht schaute er an diesem Monument der Hochgotik empor, das Filigran erstaunte ihn immer wieder, die Türme und Türmchen stachen scharf in den blauen Himmel und zeigten unerschütterlich, wo Gott hockte. Nachdenklich umrundete František das fünfschiffige Bauwerk, das der ungarischen Schutzpatronin, der heiligen Elisabeth, gewidmet war. Trotz Bränden und Erdbeben stand der Alžbety-Dom unverrückbar und gewichtig seit seiner Grundsteinlegung. František fragte sich, was die Menschen heute zu feiern hatten.

Bereits ein, zwei Gassen weiter hörte man nicht einmal mehr das Echo der klappernden Damenschuhe. František fühlte sich mit einem Male unsichtbar und wie von einer Tarnkappe der Nichtzugehörigkeit geschützt; er betrachtete zärtlich Verliebte, wie sie sich im Schutze eines Maulbeerbaumes verstohlen küssten. Ein Paar zu sein schien ihm in diesem Moment das höchste Ziel, zugehörig zu sein, selbst die Stadttauben waren samt und sonders nur zu zweien unterwegs. Er ging allein. In Pastell gehaltene Greife, geflügelte Löwen, Drachen, Lindwürmer, Ornamente, ausgemalte Fresken, Medaillons und phantasievolle Karyatiden starrten ihm von den Brüstungen, Balkonen, Arkaden und Fassaden entgegen. Was František Schön an jedem anderen Tag künstlerische Inspiration für gewagte Postichekreationen gewesen wäre, war ihm heute nichts als wehmutsvolle Sicht wie bei einer Verabschiedung auf Nimmerwiedersehen. Jeder Blick war von einer Endgültigkeit eingefasst, die ihm das Schauen erschwerte.

Vom Alžbety-Dom her schlug der Klöppel an die Glocke, Klang für Klang ein weiterer Beweis Kassaer Glockenkunst – ein weiterer irreversibler Verlust. Vor dem Stadttheater standen ein paar Männer, die Hände in den Taschen oder auf einen Stock gestützt, den Hut in die Stirn gedrückt, um dem sanften Wind, der vom hohen Hügel herunterwehte, kein leichtes Spiel zu gewähren. Sie schwätzten, sie hörten einander zu, sie schauten sich um, sie waren ganz einfach da in einer Art und einer Form, wie es František Schön von seinem eigenen Dasein her nicht kannte. Diese Unbescholtenheit, diese Sicherheit, diese Rechtmäßigkeit.

Von den Hinterhöfen schlängelte sich Essensduft in die

Straßen, die Arbeiterfamilien erholten sich von der Woche Werk. Durch Schlitze wurden Briefschaften in die hohen Holztüren eingelassen, bestimmt, so war František an diesem Tag überzeugt, schmachtende Liebesnachrichten. Eine Festtagsgesellschaft feierte unter den hohen Platanen, den Birken und den Eiben. Sie hatten orientalische Teppiche auf der Wiese ausgebreitet und lachten ohne Scham. Er wagte sich etwas näher heran und setzte sich dann auf einen kahlen Stein. Leicht vorgebeugt stützte er sich auf seine Knie, ließ die Tauben kommen, um ihnen zuzuschauen, und hatte überhaupt nichts zum Füttern dabei. Nichts, gar nichts, ging es ihm durch den Kopf. Eine schwarze mit einer einzigen weißen Feder im Schwanz tänzelte vor ihm her, plusterte das Gefieder und flog dann auf zu ihrem weißen Pendant in der Platane.

Es war nicht von der Hand zu weisen, er fühlte sich furchtbar allein. Mit seiner verbotenen Liebe zu einer Kassaer Aristokratin hatte er sich nicht gerade einen Gefallen getan, was die Gründung eines eigenen Hausstandes betraf. Es war ja völlig undenkbar, dass er als einfacher Posticheur und Jude eine angemessene Partie für Gräfin Csökes Jüngste sein könnte. Nie und nimmer, dieser Tag müsste erst noch erfunden werden. Aber dann hatte Alžbeta etwas zu ihm gesagt, das ihm noch immer in den Ohren hallte, wie eine Kassaer Glocke, die einfach nicht aufhören wollte zu bimmeln. Sie hatte zu ihm gesagt: »Wir wollen unseren Kindern gegenüber doch einmal zugeben können, dass sich unser Leben gelohnt hat. Wir wollen es doch lieber leben, als es nur erdulden.«

Das hatte ihn berührt, das gab keine Ruhe, das ließ ihn

taubengleich davonfliegen mit seinen Gedanken, fort aus Kassa und über die Hügel und Wiesen von Oberungarn hinweg, die wie aufgeworfene Tischtücher kurz vor dem Glattziehen unter ihm lagen, und er flog, flog weiter in seinen Gedanken über das ganze Land und bis ans Meer, viele Teile der Weltkarte waren doch nichts weiter als weiße Flecken, was konnte man da nicht noch alles erfahren! Ja: erleben! Und wie recht Alžbeta doch hatte, das Leben war zum Leben da und nicht nur zum Erdulden! Schließlich hatten ja auch seine Vorfahren weite Wege zurückgelegt, bis sie an den Ufern des Hornád angelangt und hier fast so etwas wie heimisch geworden waren. Wenn er, nein, wenn sie zwei es tatsächlich wagen sollten, fortzugehen, dann würde er diese ganzen Hügel, Ebenen und Wälder und Felder, die Karpaten und die Tatra, die Schiefer- und die Tondächer und die gelben und grünen und weißen Blumenwiesen vielleicht nie mehr wiedersehen. Bestimmt nie mehr wiedersehen. Nun, dachte er, als er sich erhob, immerhin plante man jetzt ja schon eine Bahnlinie von Budapest via Miskolc nach Kassa hinauf; Europa, die Welt, entwickelte sich und rückte zusammen.

Zu Fuß war es ein ganzes Stück des Weges zum Friedhof vor der Stadt. František beeilte sich nicht, es war ihm so, als ob er alles, was seine Augen erblickten, nun zum letzten Male sehen würde. Er begrüßte jedes Ding und nahm zugleich Abschied davon. Die beiden Tauben gingen ihm nicht mehr aus dem Sinn: Wieso nicht einmal versuchen, zwei präparierte schnäbelnde Täubchen einer Dame ins Haar zu stecken? Fast schon erwachte in ihm die alte Schöpferlust. Die Sonne war gütig und der Wind ein Freund. Die Ruhe, die auf dem Friedhof herrschte, würde ihm die nötige Gelassenheit geben. Und mit der Gelassenheit, das wusste er, käme Kraft.

Eidechsen wuselten auf den Grabplatten umher, eine Kreuzotter verschwand rasch im Gras. Der Friedhof war an einem Waldhang angelegt. Ein magyarischer Friedhofswärter mit seinem großen Deutschen Hütehund bewachte die Anlage, in der er zweimal täglich seine Runden drehte. Geklaut war aber schon lange nichts mehr worden, auch die Ruhebänkchen, die sich alle paar Schritte fanden, waren heil geblieben, alles angenehm und gepflegt und fast einladend an diesem kostbaren freien Tag im Leben des František Schön.

Der Wind rauschte voller Versprechungen in den hohen Baumwipfeln, und weiße Wolken hingen über dem Wald, als er schließlich das Grab seiner Eltern erreichte. Ein Schmetterling saß auf dem Grabstein, zitterte mit den Flügeln und flog dann davon. František fühlte sich beseelt.

Er legte ein paar Kiesel, die er unterwegs aufgelesen hatte, auf die Grabsteine seiner Eltern, dann versank er in stumme Monologe.

Als er nach zwei Tagen wieder ins Schloss zurückmarschierte, wusste er sich noch immer keinen Rat. Wäre er nur ein reicher Kassaer gewesen, die Frage hätte sich ihm nicht gestellt. Aber er war, wer er war. Und das konnte doch nie gut genug sein für eine Alžbeta Csöke.

Sonne

Schicken Sie sie weg, in die Sonne!«, sagte der Arzt.

Sie hielt nicht viel von der Sonne, aber sie ließ sich wegschicken, zusammen mit ihrem Kind und einem Kindermädchen und ihrer Mutter – fort übers Meer.

Das Schiff sollte um Mitternacht auslaufen. Und ihr Mann blieb zwei Stunden bei ihr, während das Kind zu Bett gebracht wurde und die Passagiere an Bord kamen. Es war eine finstere Nacht, und der Hudson wogte in tiefer Schwärze, die wie mit verschütteten Lichttröpfchen bestreut war. Sie lehnte an der Reling, blickte hinunter und dachte: Das ist das Meer; es ist tiefer, als man glaubt, und reicher an Erinnerungen. Im gleichen Augenblick schien sich das Meer aufzubäumen – wie die Schlange des Chaos, die seit Ewigkeiten lebt.

»Solche Trennungen sind nicht gut«, sagte ihr Mann, der neben ihr stand. »Sie sind nicht gut. Ich mag sie nicht.«

Seine Stimme war voller Furcht und Besorgnis, und sie klang so, als klammere er sich an eine letzte Hoffnung wie an einen Strohhalm.

»Nein, ich auch nicht«, erwiderte sie mit eintöniger Stimme.

Sie musste daran denken, wie verzweifelt sie sich beide gewünscht hatten, voneinander loszukommen. Die bevorstehende Trennung zerrte zwar leise an ihren Gefühlen, trieb aber den Stachel, der sich in ihr Herz gebohrt hatte, nur noch tiefer.

Sie schauten beide nach ihrem schlafenden Sohn, und die Augen des Vaters wurden feucht. Doch es ist nicht das Feuchtwerden der Augen, das ausschlaggebend ist – sondern es ist der tiefverwurzelte, eiserne Rhythmus der Gewohnheit, der jahrelangen, lebenslänglichen Gewohnheiten, eine tief verankerte Triebkraft. Und in seinem und ihrem Leben war die Triebkraft, ihre und seine, einander feind gewesen. Sie zerstörten sich gegenseitig, wie zwei Maschinen, die nicht aufeinander abgestimmt sind.

»Besucher von Bord! Besucher von Bord!«

»Maurice, du musst gehen!« Und bei sich dachte sie: Für ihn heißt es ›Von Bord!‹, für mich heißt es ›In See!‹.

Vom mitternächtlich trübseligen Pier winkte er ihr mit seinem Taschentuch zu, während das Schiff Zoll um Zoll vom Ufer abrückte: einer in der Menge. Einer in der Menge. *C'est ça!*

Die Fährboote glitten noch immer wie große, mit Lichterreihen beladene Schüsseln schräg über den Hudson. Der schwarze Schlund drüben musste der Lackawanna-Bahnhof sein.

Der Dampfer drang immer weiter in die Lichter hinein; der Hudson schien kein Ende zu nehmen. Doch endlich fuhren sie um die Biegung, um das armselige Lichtgeflimmer auf der Battery. Die Freiheitsstatue schwenkte ihre Fackel wie in einem Wutanfall hoch. Dann kam das offene Meer.

Und wenn der Atlantik auch grau wie Lava war, schließlich gelangten sie doch in die Sonne. Sie hatte sogar ein Haus über dem blauesten Meer mit einem riesigen Garten und Weinberg voller Reben und Olivenbäume, der in Terrassen steil zum ebenen Uferstreifen abfiel; und der Garten war voll heimlicher Winkel und dichter Zitronenwäldchen tief unten in der Schlucht und voll versteckter, klargrüner Wassertümpel; in einer kleinen Grotte entsprang eine Quelle, aus der schon die alten Sikuler getrunken hatten, noch bevor die Griechen kamen; und ein altes Grabgewölbe, dessen Nischen leer waren, diente einer meckernden grauen Ziege als Stall. Die Mimosen dufteten, und auf dem Vulkan drüben glänzte der Schnee.

Sie nahm das alles wahr, und irgendwie war es besänftigend. Aber es war alles nur äußerlich. Im Grunde machte sie sich nichts daraus. Sie war dieselbe, mitsamt allem Missmut und aller Enttäuschung und ihrem Unvermögen, sich richtig ergreifen zu lassen. Das Kind fiel ihr auf die Nerven und nahm ihr die innere Ruhe. Sie fühlte sich so schrecklich – so entsetzlich verantwortlich für den Jungen, als trüge sie die Verantwortung für jeden seiner Atemzüge. Und das war eine Qual für sie, das Kind und alle übrigen Beteiligten.

»Du weißt doch, Juliet«, sagte ihre Mutter zu ihr, »der Arzt hat dir verordnet, in der Sonne zu liegen, ohne Kleider! Warum tust du's nicht?«

»Wenn ich mich danach fühle, werde ich's tun!«, brauste Juliet auf. »Willst du mich umbringen?«

»Dich umbringen? Unsinn! Ich will nur dein Bestes!«

»Um Gottes willen, hör auf, mein Bestes zu wollen!«

Die Mutter war schließlich so verletzt und erzürnt, dass sie abreiste.

Das Meer wurde weiß und dann unsichtbar. Der Regen strömte nieder. Es wurde kalt in dem Haus, das nur für sonniges Wetter gebaut war.

Dann wieder kam ein Morgen, an dem die Sonne wie flüssiges Metall funkelnd und nackt aus dem Meer aufstieg. Das Haus blickte nach Südosten, und Juliet lag im Bett und beobachtete den Sonnenaufgang. Ihr war, als hätte sie noch nie die Sonne aufgehen sehen. Noch nie hatte sie gesehen, dass die Sonne nackt und rein über dem Meereshorizont stand und die Nacht wie Wasser von sich abschüttelte. Wie rund und nackt sie war! Und sie wollte zu ihr gehen.

Der heimliche Wunsch sprang in ihr auf, nackt in die Sonne zu gehen. Sie hegte ihren Wunsch wie ein Geheimnis. Sie wollte sich mit der Sonne vereinigen.

Doch sie wollte vom Haus weggehen – weg von den Menschen. Und es ist nicht leicht, sich in einem Land, wo jeder Olivenbaum Augen hat und jeder Abhang weithin sichtbar ist, zu verstecken und sich mit der Sonne zu vermählen.

Sie fand jedoch eine Stelle: eine felsige Klippe, die sich über dem Meer in die Sonne vorschob und mit hohen Kakteen bewachsen war, die Feigenkakteen hießen. Aus diesem Kakteendickicht erhob sich eine Zypresse mit einem bleichen, dicken Stamm und einem Wipfel, der sich biegsam in die Bläue neigte. Sie stand wie ein Wächter da, der aufs Meer hinausblickt, oder wie eine Kerze, deren hohe Flamme sich dunkel vom Licht abhebt: als leckte das Dunkel mit einer langen Zunge zum Himmel auf.

Juliet setzte sich neben die Zypresse und zog ihr Kleid aus. Die unförmigen Kakteen schützten sie wie ein hässlicher und doch reizvoller Wald. Sie saß da und bot der Sonne ihre Brust dar: Selbst jetzt seufzte sie, wie unter einem starken Schmerz leidend, über die Grausamkeit, sich hingeben zu müssen, aber triumphierend, dass es immerhin kein menschlicher Liebhaber war.

Doch die Sonne wanderte weiter über den blauen Himmel und sandte im Weiterziehen ihre Strahlen nieder. Juliet spürte den sanften Hauch des Meeres auf ihren Brüsten, die sich anfühlten, als wollten sie niemals reifen. Die Sonne spürte sie kaum. Ihre Brüste waren Früchte, die verwelkten, statt zu reifen. Bald jedoch verspürte sie die Sonne in ihnen: wärmer, als jemals die Liebe gewesen war, wärmer als Milch oder die Hände ihres Kindes. Endlich, endlich waren ihre Brüste in der Sonne wie lange weiße Trauben.

Sie streifte all ihre Sachen ab und lag nackt in der Sonne, und während sie so dalag, blinzelte sie durch die Finger zum Sonnenrund auf, zu der blauen, flimmernden Rundung, deren äußere Ränder Glanz ausstrahlten. Flimmernd, in wunderbarer Bläue, stand der lebendige Sonnengott da und verströmte weißes Feuer von seinen Rändern. Mit seinem blauen Feuerleib blickte er auf sie nieder und überflutete ihre Brüste und ihr Gesicht, ihre Kehle, ihren matten Leib, ihre Knie, ihre Schenkel und ihre Füße.

Sie lag mit geschlossenen Augen da, und durch ihre Lider drang es wie rötliche Flammen. Es war zu viel! Sie streckte die Hand aus und legte sich Blätter über die Augen. Dann lag sie wieder in der Sonne, genau wie die langen grünen Kürbisse, die zu Gold heranreifen müssen.

Sie konnte es spüren, wie die Sonne bis in ihre Knochen

eindrang, ja sogar noch tiefer, bis in ihre Gefühle und Gedanken. Die dunklen, verkrampften Gefühle entspannten sich allmählich, das kalte, dunkle Gerinnsel ihrer Gedanken löste sich auf. Bald war sie ganz und gar durchwärmt. Sie drehte sich um und setzte auch ihre Schultern, ihre Hüften, die Rückseite ihrer Schenkel und sogar ihre Fersen der Sonne aus. Und halb betäubt lag sie da, weil ihr etwas so Seltsames widerfuhr. Ihr müdes, fröstelndes Herz schmolz und löste sich, schmelzend, in nichts auf. Nur ihr Schoß blieb verkrampft und widersetzlich – ewigen Widerstand leistend. Sogar der Sonne leistete er Widerstand.

Als sie sich wieder angekleidet hatte, legte sie sich noch einmal hin und blickte in die Zypresse hinauf, deren Wipfel, ein Gespinst, in der Brise hierhin und dorthin wehte. Und die ganze Zeit war sie sich des großen Sonnenballs bewusst, der über den Himmel schweifte, und ihres eigenen Widerstrebens. Betäubt ging sie nach Hause, halb geblendet, sonnenblind und sonnenbetäubt. Aber diese Blindheit empfand sie als Fülle – und die undeutliche, warme, drückende Sinnesverwirrung als einen kostbaren Schatz.

Der kleine Junge kam auf sie zugerannt und rief: »Mami! Mami!« Es war der seltsame kleine Vogelschrei ängstlichen Verlangens: Immer verlangte er nach ihr. Sie war erstaunt, dass der ängstliche, nach Liebe verlangende Ruf diesmal keinen Widerhall in ihrem schlaftrunkenen Herzen fand. Sie fing den Jungen mit den Armen auf, aber sie dachte: Er sollte nicht so ein Häufchen Schwäche sein! Wenn er Sonne in sich hätte, würde er hochspringen. Und wieder spürte sie den unnachgiebigen Widerstand in ihrem Schoß – einen Widerstand gegen ihn und alles.

Sie ärgerte sich sogar über die kleinen Hände, die sich anklammern wollten, besonders an ihren Hals, und sie wandte ihn ab. Sie wollte nicht, dass er ihn anfasste. Sie stellte den Jungen auf den Boden.

»Lauf!«, rief sie. »Lauf in die Sonne!«

Und sofort zog sie ihm seine Sachen aus und setzte ihn nackt auf die warme Terrasse.

»Spiel in der Sonne!«, rief sie.

Er war erschrocken und wollte weinen. Doch in der warmen Trägheit ihres Körpers und der völligen Gleichgültigkeit ihres Herzens und im Widerstreben ihres Schoßes ließ sie eine Apfelsine über die roten Fliesen zu ihm hintrudeln, und mit seinem weichen, unausgeprägten kleinen Körper tappelte er hinter ihr drein. Aber sowie er sie hatte, ließ er sie wieder fallen, weil sie sich auf seiner Haut fremd anfühlte. Und er sah sich nach seiner Mutter um, verzog das Gesicht, als wollte er weinen, und war wegen seiner Nacktheit erschrocken.

»Bring mir die Apfelsine!«, rief sie und war erstaunt, dass seine Angst sie so kalt ließ. »Bring Mami die Apfelsine!«

Er soll nicht so werden wie sein Vater, dachte sie bei sich, wie ein Wurm, den nie die Sonne beschienen hat!

2

Früher hatte sie in quälendem Verantwortungsgefühl an den Jungen gedacht, als wäre sie, weil sie ihn geboren hatte, für jede Minute seines Daseins verantwortlich. Selbst wenn ihm die Nase lief, war es ihr widerwärtig und wie ein Stachel im Herzen, als müsse sie sich sagen: Sieh bloß das Geschöpf an, das du in die Welt gesetzt hast!

Jetzt änderte sich das alles. Sie war nicht mehr im Innersten von dem Jungen in Anspruch genommen; ihre nervöse Besorgtheit und ihr Wille ließen von ihm ab – und er gedieh umso besser.

All ihre Gedanken waren bei dem Sonnenball und seiner Pracht, und wie er in sie eingedrungen war. Ihr Leben war jetzt ein heimlicher Ritus. Vor Tagesanbruch lag sie schon wach und wartete, ob sich das Grau in mattes Gold verfärbte oder ob Wolken über dem Meereshorizont lagen. Wie groß war ihre Freude, wenn die Sonne in ihrer Nacktheit wie geschmolzenes Gold aufstieg und ihr blauweißes Feuer über den zarten Himmel streute!

Doch manchmal kam sie rötlich hervor, wie ein wildes, scheues Geschöpf. Und manchmal stieß sie sich langsam und dunkelrot wie im Zorn empor und schob sich langsam höher. Ein andermal wieder war sie nicht zu sehen, nur eine Wolkenbank streute Gold und Scharlach hernieder, während sie hinter der Wand höher stieg.

Juliet konnte von Glück sagen. Wochen verstrichen, und obwohl die Morgendämmerung manchmal bewölkt und der Nachmittag grau war, verging doch nie ein Tag ganz ohne Sonne, und an den meisten Tagen herrschte strahlender Sonnenschein, obwohl es Winter war. Die zierlichen kleinen wilden Krokusse kamen lila und gestreift hervor, und die wilden Narzissen ließen ihre winterlichen Blütensterne niederhängen.

Jeden Tag ging Juliet zur Zypresse hinunter und in den Kakteenwald auf dem Vorsprung, an dessen Fuß gelbliche

Klippen aufragten. Sie war jetzt klüger und gewitzter und trug nur noch einen taubengrauen Umhang und Sandalen, so dass sie sich im Nu in einem verborgenen Winkel der Sonne hingeben konnte. Und wenn sie sich verhüllte, war sie sofort wieder grau und unsichtbar.

Jeden Tag, vom Morgen bis zur Mittagsstunde, lag sie am Fuß der mächtigen Zypresse mit den silbernen Wurzeltatzen, während die Sonne wie ein Gott über den Himmel schritt. Jetzt war sie schon mit jeder Faser ihres Körpers mit der Sonne vertraut. Ihr besorgtes Herz, das besorgte, verkrampfte Herz, war ganz und gar hingeschwunden wie eine Blüte, die in der Sonne abfällt und nur eine kleine, reifende Frucht zurücklässt. Und ihr verkrampfter Schoß, der zwar noch immer geschlossen war, entfaltete sich langsam, ganz langsam, langsam wie eine Seerosenknospe unter dem Wasserspiegel, wenn die Sonne sie geheimnisvoll berührt. Wie eine Seerosenknospe unter einem Wasserspiegel hob er sich langsam der Sonne entgegen, um sich schließlich der Sonne, und nur der Sonne, zu öffnen.

Ihr ganzer Körper war mit der Sonne vertraut, die blauflüssig mit glühenden Rändern Feuer ausstrahlte. Und obwohl die Sonne auf die ganze Welt schien, richteten sich doch, wenn Juliet unbekleidet dalag, all ihre Strahlen auf sie allein. Es war eins von den Wundern der Sonne: Sie konnte auf eine Million Menschen scheinen und doch der strahlende, herrliche, einmalige Sonnenball sein, der sich nur ihr allein zuwandte.

Mit ihrem Wissen um die Sonne und der Überzeugung, dass die Sonne allmählich in sie eindrang, um sie im kosmisch-fleischlichen Sinne des Wortes zu ›erkennen‹, kam ein Gefühl in ihr auf, als sei sie den Menschen ferngerückt, verbunden mit einer gewissen verächtlichen Duldsamkeit gegen die Menschen. Sie waren so naturfern, so sonnenfern. Sie waren wie Kirchhofswürmer.

Selbst die Bauern, die mit ihren Eseln den alten Felsenweg hinaufzogen, waren nicht völlig durchsonnt, obwohl sie sonnenbraun aussahen. Immer war, wie eine Schnecke im Gehäuse, ein kleiner weißer Angstkern da, weil der Mensch sich vor der natürlichen Lebensflamme duckt. Er wagt sich nicht hervor, um der Sonne voll ins Auge zu sehen: Immer muss er sich ducken. Alle Menschen waren so.

Warum also die Menschen an sich herankommen lassen?

Seit sie gegen die Menschen und gegen die Männer gleichgültig geworden war, hütete sie sich nicht mehr so ängstlich davor, gesehen zu werden. Der alten Marinina, die im Dorf Einkäufe für sie machte, hatte sie erzählt, der Arzt habe ihr Sonnenbäder verordnet. Das mochte genügen.

Marinina war eine große, stolze, magere Frau von über sechzig Jahren mit krausem dunkelgrauem Haar und dunkelgrauen Augen, aus denen alle Verschmitztheit von Jahrtausenden und das halb spöttische Lachen sprachen, das aus langer Erfahrung herrührt. Tragik stammt aus Mangel an Erfahrung.

»Es muss schön sein, nackt in der Sonne zu liegen«, sagte Marinina mit verschmitztem Lachen in den Augen, während sie die andere Frau aufmerksam ansah. Juliets blondes, kurzes Haar kräuselte sich an den Schläfen wie eine kleine Wolke. Marinina stammte aus der Magna Graecia und hatte uralte Erinnerungen. Wieder blickte sie Juliet an. »Aber wenn eine Frau schön ist, kann sie sich vor der Sonne sehen lassen, eh? Stimmt's nicht?«, schloss sie mit eigentümlichem, atemlosem kleinem Lachen, das den Frauen früherer Zeiten eigen war.

»Wer weiß, ob ich schön bin«, sagte Juliet.

Aber einerlei, ob sie schön war – sie wusste, dass die Sonne sie gelten ließ. Und das kam auf das Gleiche heraus.

Wenn sie sich manchmal mittags aus der Sonne zu den Felsen hinunterstahl, am Klippenrand vorbei und hinunter in die tiefe Schlucht, wo im kühlen, ewigen Schatten die Zitronen hingen, und wenn sie dort in der Stille ihren Umhang fallen ließ und sich rasch an einem von den tiefen, durchsichtig grünen Wassertümpeln wusch, dann sah sie im grünen Dämmerlicht der Zitronenblätter, dass ihr ganzer Körper rosig war, rosig und golden gebräunt. Sie war wie ein andrer Mensch. Ja, sie war ein andrer Mensch geworden.

Und ihr fiel ein, dass die Griechen gesagt hatten, ein nicht besonnter weißer Körper sei nicht gesund und wie ein Fisch.

Dann rieb sie sich etwas Olivenöl in die Haut und wanderte ein Weilchen in der dunklen Unterwelt der Zitronenbäume herum, drückte sich eine Zitronenblüte in den Nabel und lachte. Es konnte leicht sein, dass ein Bauer sie sah. Aber dann würde er mehr Angst vor ihr haben als sie vor ihm. Sie wusste um den weißen Angstkern der mit Kleidern bedeckten Menschen.

Und der steckte sogar in ihrem kleinen Sohn, wie sie wusste. Wie misstrauisch er sie ansah, wenn ihr ganzes Gesicht voller Sonne war und sie ihn auslachte. Sie bestand darauf, dass er jeden Tag nackt in der Sonne herumtappelte.

Und jetzt wurde auch sein kleiner Körper rosig; das blonde Haar stand als dichter Schopf über seiner Stirn, und seine Wangen hatten über dem feinen Gold der sonnengebräunten Haut das Rot von Granatäpfeln. Er war munter und gesund, und die Dienstboten, denen das Gold und Rot und Blau an ihm gefiel, nannten ihn einen kleinen Engel.

Doch seiner Mutter traute er nicht: sie lachte ihn aus! In seinen großen blauen Augen unter der gerunzelten Stirn sah sie den Kern aus Furcht und Argwohn, der, wie sie jetzt glaubte, hinter allen Männeraugen war. Sie nannte es Scheu vor der Sonne. Und ihr Schoß blieb verschlossen vor den Männern, den Sonnenscheuen.

Er scheut die Sonne, dachte sie bei sich, wenn sie in die Augen des Kindes blickte.

Und während sie ihn beobachtete, wie er in der Sonne herumtappelte und torkelte und dabei seine kleinen Vogelschreie ausstieß, sah sie, dass er sich innerlich vor der Sonne verschloss und versteckte und dass er sich ungeschickt und mit schwerfälligen Bewegungen im Gleichgewicht hielt. Sein Gemüt verbarg sich, wie eine Schnecke im Gehäuse, in einer feuchten, kalten Spalte seines Inneren. Es erinnerte sie an seinen Vater. Sie wünschte, sie könnte ihn hervorlocken, ihn in einer übermütigen Gebärde in eine Begrüßung der Sonne ausbrechen lassen.

Sie beschloss, ihn mitzunehmen, hinunter zur Zypresse inmitten der Kakteen. Sie würde auf ihn achtgeben müssen – wegen der Dornen. Doch dort würde er sicherlich aus dem kleinen Gehäuse in seinem Innern hervorkommen. Die spießige kleine Verkrampfung musste von seiner Stirn verschwinden.

Sie breitete eine Decke für ihn aus und setzte sich. Dann ließ sie ihren Umhang heruntergleiten, streckte sich aus und beobachtete einen Habicht hoch oben im Blau und die wippende Spitze der Zypresse.

Der Junge spielte mit Steinchen auf der Decke. Als er aufstand, um wegzutappeln, stand sie ebenfalls auf. Er drehte sich um und sah sie an. Aus seinen blauen Augen traf sie beinah schon der herausfordernde, warme Blick des echten Mannes. Und mit der Röte auf seiner blonden Haut war er hübsch. Er war nicht mehr weiß. Seine Haut war wie Goldstaub.

»Gib acht auf die Dornen, Liebling«, sagte sie.

»Dornen!«, wiederholte er zwitschernd und blickte wie ein nackter Putto über die Schulter weg zweifelnd zu ihr auf.

»Böse spitze Dornen!«

»Pitze Dornen!«

In seinen kleinen Sandalen torkelte er über die Steine und zupfte an der vertrockneten Minze. Als er in eine Kaktee zu fallen drohte, sprang sie flink wie eine Schlange herzu. Es überraschte sie sogar selber. Was für eine Wildkatze ich doch bin, dachte sie.

Jeden Tag, wenn die Sonne schien, nahm sie ihn mit zur Zypresse.

»Komm!«, sagte sie. »Wir wollen zur Zypresse gehen!«

Und wenn der Himmel bedeckt war und die Tramontana blies, so dass sie nicht hinuntergehen konnten, zwitscherte der Junge unaufhörlich: »Zur Presse gehn! Zur Presse gehn!«

Er vermisste es ebenso sehr wie sie.

Sie nahm nicht einfach Sonnenbäder. Es war viel mehr als das. Tief in ihr drinnen entfaltete und entspannte sich etwas, und sie überließ sich den kosmischen Einflüssen. Ein geheimnisvolles Wollen in ihr, das tiefer als ihr Bewusstsein und ihr bewusster Wille war, verband sie mit der Sonne, und dieser Strom überflutete sie und ihren Schoß. Sie selbst, ihr bewusstes Selbst, war dabei untergeordnet, ein untergeordneter Zuschauer. Die wahre Juliet wurde zutiefst in ihrem Körper von den dunklen Fluten der Sonne getragen, wie wenn ein Strom dunkler Strahlen dunkel und veilchenfarben um die süße, geschlossene Knospe ihres Schoßes kreiste, unaufhörlich kreiste.

Sie war immer Herrin ihrer selbst gewesen, hatte gewusst, was sie tat, und hatte sich fest in der Gewalt. Jetzt spürte sie in sich eine ganz andere Gewalt, die stärker war als sie selbst, dunkler und wilder: Elementarisches, das sie überflutete. Jetzt war sie unsicher, war im Banne einer Macht, die über ihre Fassungskraft hinausging.

3

Der Februar endete plötzlich mit großer Hitze. Beim leisesten Windhauch fielen die Mandelblüten wie rosa Schnee. Die seidigen lila Anemonen kamen hervor. Der Asphodill stand hoch und in Knospen, und das Meer war kornblumenblau.

Juliet hatte es aufgegeben, sich um irgendetwas zu sorgen. Jetzt verbrachten sie den größten Teil des Tages nackend in der Sonne, sie und der kleine Junge, und mehr verlangte sie nicht. Manchmal ging sie ans Meer hinunter, um zu baden, und oft streifte sie in den Schluchten umher, in die der Sonnenschein fiel und wo sie außer Sicht war. Manchmal sah sie einen Bauern mit einem Esel, und er sah sie. Aber mit ihrem Kind wanderte sie so still und natürlich einher, und der Ruf von der Heilkraft der Sonne für Seele und Leib hatte sich schon bei den Leuten herumgesprochen, so dass es zu keiner Aufregung kam.

Sie und das Kind waren jetzt beide am ganzen Körper sonnenbraun mit einem rosigen Schimmer. Ich bin ein anderer Mensch geworden, dachte sie, wenn sie ihre rosiggoldenen Brüste und Schenkel sah.

Auch der Junge war ein andres Geschöpf geworden. Er lebte in einer eigentümlichen, ruhigen, sonnendunklen Versunkenheit. Jetzt konnte er still für sich spielen, und sie brauchte ihn kaum noch zu beobachten. Es schien ihm kaum aufzufallen, wenn er allein war.

Es wehte kein Windhauch, und das Meer war tief dunkelblau. Sie saß neben der großen grausilbernen Wurzeltatze der Zypresse und döste in der Sonne, aber ihre Brüste waren voller Saft und Kraft. Sie spürte, dass sich ein Tatendrang in ihr regte, ein Tatendrang, der ein neues Selbst in ihr wecken mochte. Noch wollte sie es nicht wahrhaben. Die neue Regung würde neuen Kontakt bedeuten, und den wollte sie nicht haben. Sie wusste nur zu gut um das ungeheure, kalte Räderwerk der Zivilisation und was ein Kontakt mit ihm bedeutete und wie schwer es war, sich ihm zu entziehen.

Der Junge war ein paar Schritte den Felsenpfad hinabgegangen, hinter das wuchernde Gewirr einer Kaktee. Sie hatte ihn beobachtet – ein richtiges goldbraunes Kind der Winde mit goldblondem Haar und roten Wangen –, wie er die getüpfelten Blätter vom Aronstab sammelte und in Reihen anordnete. Er stand jetzt fest auf den Beinen und wusste sich so schnell wie ein junges Tier zu helfen, das in sein Spiel versunken ist.

Plötzlich hörte sie ihn rufen: »*Schau mal, Mami! Schau mal!*« Ein besonderer Ton in seinem Vogelgezwitscher ließ sie heftig hochfahren.

Das Herz wollte ihr stehenbleiben. Über seine nackte kleine Schulter blickte er zu ihr hin und zeigte mit seiner winkenden kleinen Hand auf eine Schlange, die sich einen Meter von ihm entfernt aufgerichtet hatte und zischend den Rachen öffnete, so dass die gegabelte, zarte Zunge wie ein schwarzer Schatten flatterte.

»Schau mal, Mami!«

»Ja, Liebling, es ist eine Schlange«, antwortete sie langsam und mit gepresster Stimme.

Er blickte sie an. Seine großen blauen Augen waren unsicher, ob er sich fürchten müsse. In Juliets sonnengesättigter Stille war etwas, das ihn beruhigte.

»Schlange«, zwitscherte er.

»Ja, Liebling. Fass sie nicht an! Sie beißt vielleicht.«

Die Schlange war niedergesunken, löste sich aus den Schleifen, in denen sie sich gesonnt hatte, und schmiegte ihren langen, goldbraunen Körper in trägen Windungen in die Felsen hinein. Der Junge drehte sich um und sah ihr schweigend zu. Dann sagte er:

»Schlange geht weg!«

»Ja, lass sie nur gehen! Sie will gern allein sein.«

Er beobachtete noch immer das träge, geschmeidige Weitergleiten des Tieres, das sich apathisch den Blicken entzog.

»Schlange ganz fort!«, sagte er.

»Ja, sie ist ganz fort. Komm einen Augenblick zu Mammi!«

Er kam und setzte sich mit seinem rundlichen, nackten kleinen Körper auf ihren nackten Schoß, und sie glättete sein sonnenhelles Haar. Sie sagte nichts: Es war ja jetzt vorbei. Die merkwürdig gelassene Kraft der Sonne durchtränkte sie wieder, durchtränkte alles ringsumher wie mit einem Zauber, und die Schlange gehörte dazu, ebenso wie sie und das Kind.

Ein andermal sah sie in der Feldsteinmauer einer Oliventerrasse eine schwarze Schlange kriechen.

»Marinina«, sagte sie, »ich habe eine schwarze Schlange gesehen. Sind sie gefährlich?«

»Oh, die schwarzen Schlangen nicht. Aber die gelben, die bestimmt. Wenn eine gelbe Schlange einen beißt, muss man sterben. Und ich habe Angst vor ihnen, sogar vor den schwarzen, wenn ich sie sehe.«

Juliet ging trotzdem mit dem Kind zur Zypresse. Aber sie schaute sich stets aufmerksam um, eh sie sich hinsetzte, und untersuchte alle Stellen, zu denen das Kind hinlaufen könnte. Dann legte sie sich hin und überließ sich wieder der Sonne, und ihre gebräunten, birnenförmigen Brüste deuteten aufwärts. Für ein Morgen hatte sie keine Gedanken übrig. Sie weigerte sich, über ihren Garten hinaus an etwas zu denken, und Briefe mochte sie nicht schreiben. Schreiben überließ sie dem Kindermädchen. Sie lag also in der Sonne, aber nicht lange, denn die Sonne brannte allmählich stärker und heftiger. Und gegen ihren Willen hob sich die Knospe, die hart und tief im geheimsten Dunkel ihres Selbst versenkt war, hob sich und reckte den gebogenen Stiel, um die dunklen Kelchblätter zu öffnen und einen rosa Anhauch zu zeigen. Ihr Schoß wollte sich auftun wie eine Lotusblume in rosiger Ekstase.

4

Aus dem Frühling wurde Sommer, und die Sonne, im Zenit ihrer Macht, strahlte allgewaltig nieder. In den heißen Tagesstunden lag Juliet im Schatten eines Baums, oder sie ging sogar in die kühle Geborgenheit des Zitronenwäldchens hinunter. Manchmal stieg sie auch in die schattige Tiefe der Schluchten, auf den Grund der Ravine in der Nähe ihres Hauses. Der Junge lief emsig und schweigsam umher, ein ganz mit dem Leben beschäftigtes Tierchen.

Eines Mittags, als sie in aller Nacktheit langsam zwischen den Büschen der dunklen Ravine umherging, sah sie plötzlich hinter einer Biegung im Fels den Bauern vom benachbarten *podere,* der sich bückte und einen Haufen Reisig bündelte, das er abgehackt hatte, und in der Nähe stand sein Esel. Der Mann trug baumwollne Sommerhosen, und als er sich bückte, wandte er ihr sein Gesäß zu. Im dunklen Bachbett der kleinen Ravine war es völlig still und heimlich. Eine Schwäche überfiel sie, und einen Augenblick konnte sie sich nicht rühren. Der Mann hob das Reisigbündel mit kräftigen Schultern auf und drehte sich zu seinem Esel um.

Als er sie erblickte, schrak er zusammen und stand wie gebannt, als sähe er eine Erscheinung. Dann begegneten sich ihre Blicke, und sie spürte, wie das blaue Feuer durch ihre Glieder und in ihren Schoß strömte, der sich in hilfloser Ekstase öffnete. Noch immer blickten sie einander in die Augen, und Feuer wogte zwischen ihnen wie das blaue, niederströmende Feuer aus dem Herzen der Sonne. Und sie sah, wie sich unter seiner Kleidung der Phallus hob, und wusste, dass er auf sie zukommen würde.

»Mami, ein Mann! Mami!« Das Kind legte seine Hand auf ihren Schenkel. »Mami, ein Mann!«

Sie hörte den ängstlichen Ton in seiner Stimme und flog herum.

»Es macht nichts, mein Junge!«, sagte sie, nahm ihn bei der Hand und führte ihn wieder hinter den Felsen, während der Bauer sah, wie sich ihr nacktes, entschwindendes Gesäß hob und senkte.

Sie schlüpfte in ihren Umhang, nahm den Jungen auf den Arm und begann, durch das Gestrüpp gelb blühender Büsche auf einem steilen Ziegenpfad zum lichten Tag und den Olivenbäumen unterhalb des Hauses zu klettern. Dort setzte sie sich hin, um sich zu fassen.

Das Meer war blau; sehr blau, und sanft und ruhig sah es aus, und in einer Art von strahlendem Verlangen war ihr Schoß weit offen, so weit offen wie eine Lotusblume oder wie eine Kakteenblüte. Sie konnte es spüren, und es beherrschte ihr Denken. Und in ihrem Herzen brannte bitterer Kummer, der sich gegen das Kind und gegen die schwierigen, widrigen Umstände richtete.

Sie kannte den Bauern vom Sehen: ein Mann, der etwas

über dreißig sein mochte und breit und sehr kräftig gebaut war. Sie hatte ihn oft von der Terrasse ihres Hauses aus beobachtet, hatte beobachtet, wie er mit seinem Esel gekommen war, wie er seine Olivenbäume gestutzt und allein gearbeitet hatte, immer allein, immer allein, mit kräftigem Körper, einem breiten roten Gesicht und ruhiger Selbstsicherheit. Sie hatte ein- oder zweimal mit ihm gesprochen und in seine großen blauen Augen geblickt, die tief und von südländischem Feuer waren. Und sie kannte seine jähen Bewegungen, die ein wenig heftig und schwungvoll waren. Doch gedacht hatte sie nie an ihn. Nur war ihr aufgefallen, dass er immer sehr sauber und ordentlich aussah. Und dann hatte sie eines Tages seine Frau gesehen, als sie ihrem Mann das Essen brachte und beide sich in den Schatten eines Johannisbrotbaums setzten, zwischen sich ein ausgebreitetes weißes Tuch. Und da hatte Juliet gesehen, dass die Frau des Mannes älter war als er, eine dunkle, stolze, schwermütige Frau. Und dann war eine junge Frau mit einem Kind gekommen, und der Mann hatte mit dem Kind getanzt und war so jung und leidenschaftlich gewesen. Aber es war nicht sein eigenes Kind: Er hatte keine Kinder. Doch als er so munter mit dem Kind getanzt hatte, so voll unterdrückter Leidenschaft – da war er Juliet zum ersten Mal richtig aufgefallen. Doch selbst danach hatte sie nicht mehr an ihn gedacht. Mit seinem breiten roten Gesicht und der starken Brust und den ziemlich kurzen Beinen war er zu sehr ein ungehobeltes Tier – ein Bauer eben –, als dass sie an ihn gedacht hätte.

Doch jetzt hatte der seltsame Anruf seiner Augen, die so blau und überwältigend wie das Herz der blauen Sonne waren, von ihr Besitz ergriffen. Und sie hatte unter seiner dünnen Hose das ungebärdige Bemühen des Phallus gesehen: für sie! Und mit seinem roten Gesicht und mit seinem starken Körper war er ihr wie die Sonne erschienen, wie die Sonne mit ihrer starken Glut.

Sie spürte ihn so mächtig, dass sie sich nicht weit von ihm entfernen wollte. Sie blieb unter dem Baum sitzen. Dann hörte sie, wie das Kindermädchen im Haus mit einer Glocke läutete und rief. Und das Kind rief zurück. Also musste sie aufstehen und hineingehen.

Am Nachmittag saß sie vor dem Haus auf der Terrasse, die über die Olivenhänge bis aufs Meer hinunterblickte. Der Mann kam und ging, kam und ging zum kleinen Schuppen auf seinem *podere* am Rande des Kakteendickichts. Und er blickte wieder zu ihrem Haus und zu ihr, die auf der Terrasse saß. Und ihr Schoß öffnete sich ihm.

Doch sie hatte nicht den Mut, zu ihm hinunterzugehen. Sie trank Tee und saß immer noch auf der Terrasse. Und der Mann kam und ging und blickte zu ihr herauf, blickte wieder zu ihr herauf. Bis die Abendglocke von der Kapuzinerkirche am Dorftor schepperte und die Dunkelheit anbrach. Und immer noch saß sie auf der Terrasse. Bis sie ihn endlich im Mondschein sah, wie er seinen Esel belud und ihn traurig auf dem Pfad zur kleinen Landstraße trieb. Sie hörte ihn auf dem Straßenpflaster hinter ihrem Haus vorbeigehen. Er war fort, war ins Dorf heimgekehrt, um zu schlafen – mit seiner Frau zu schlafen, die ihn ausforschen würde, weshalb er so spät zurückkam. Niedergeschlagen war er fortgegangen.

Juliet saß bis spät in die Nacht hinein auf der Terrasse

und beobachtete das Mondlicht auf dem Meer. Die Sonne hatte ihren Schoß geöffnet, und sie war nicht mehr frei. Der Kummer der offenen Lotusblume hatte sie befallen, und jetzt war sie es, die nicht den Mut hatte, die Schritte über die Schlucht zu wagen.

Doch endlich schlief sie. Und am Morgen fühlte sie sich besser. Ihr Schoß schien sich wieder geschlossen zu haben. Sie wünschte so sehr, dass es so bliebe. Nur die Knospe unter dem Wasserspiegel – und die Sonne! Sie wollte nie mehr an den Mann denken.

Sie badete in einem von den großen Tümpeln weiter abwärts im Zitronenwäldchen, unten im Kühlen, in der letzten Schlucht, so weit wie möglich von der andern wilden Ravine entfernt. Unten watete das Kind zwischen den gelben Sauerkleeblüten, die im Schatten gediehen, und sammelte heruntergefallene Zitronen. Sein braungebrannter kleiner Körper schweifte sonnengesprenkelt zwischen den lichteren Stellen umher.

Juliet setzte sich auf das steile Ufer der Ravine und fühlte sich fast wieder frei: Die Blüte in ihr sank zu einer dunklen Knospe zusammen und war geborgen.

Plötzlich tauchte hoch oben am Rande des Steilhangs vor dem strahlend hellblauen Himmel Marinina auf, die sich ein schwarzes Tuch um den Kopf gebunden hatte. Sie rief mit ihrer gelassenen Stimme: *»Signora! Signora Giulietta!«*

Juliet drehte sich um und stand auf. Marinina zögerte einen Augenblick, als sie die nackte Frau im Gewirr ihres sonnengebleichten Blondhaars dastehen sah. Dann kam die alte Frau auf dem steilen, sonnenhellen Pfad gewandt den Abhang hinunter.

Ein paar Schritte vor der sonnengebräunten Frau blieb sie stehen und musterte sie mit verschmitztem Lächeln.

»Wie schön Sie doch sind!«, sagte sie kühl, beinah sarkastisch. »Ihr Mann ist gekommen!«

»Was für ein Mann?«, rief Juliet.

Die alte Frau ließ ein verschmitztes, abgehacktes Lachen hören – den Spott der Frauen aus alter Zeit.

»Haben Sie denn keinen Mann?«, fragte sie.

»Ich? Wo? In Amerika«, sagte Juliet.

Die alte Frau blickte über die Schulter zurück und lachte wieder abgehackt.

»In Amerika? Nichts da! Er kam hinter mir her. Wahrscheinlich hat er den Weg verpasst.« Und in tonlosem Frauengelächter warf sie den Kopf in den Nacken.

Die Pfade waren von Gras und Blumen und Katzenkraut so überwuchert, dass sie nur noch wie Vogelspuren in einer ewigen Wildnis aussahen. Seltsam lebendig ist die Wildnis auf den alten klassischen Stätten, denen der Mensch schon so lange vertraut ist.

Juliet sah die Sizilianerin nachdenklich an.

»Ach – also gut! Soll er nur kommen!«

Und eine kleine Flamme sprang in ihr auf. Es war die sich öffnende Blüte. Er war immerhin ein Mann.

»Soll er hierherkommen? Jetzt?«, fragte Marinina, und ihre spöttischen rauchgrauen Augen blickten lauernd in Juliets Augen. Dann zuckte sie gleichmütig die Achseln.

»Gut! Wie Sie wünschen! Aber was für eine Überraschung für ihn!«

Sie öffnete den Mund und lachte lautlos und belustigt, dann deutete sie auf das Kind, das sich jetzt die kleine Brust mit Zitronenblüten bestreute. »Sehen Sie nur, wie schön das Kind ist! Ein himmlischer Engel! Darüber wird er sich bestimmt freuen, der arme Mensch. Ich bringe ihn also her.«

»Ja, bring ihn her!«

Die alte Frau kletterte rasch wieder den Pfad hinan und fand Maurice, der mit seinem grauen Filzhut und dem dunkelgrauen Stadtanzug unschlüssig im Weinberg stand. In der strahlenden Sonne und in der Anmut der alten griechischen Landschaft sah er rührend fehl am Ort aus: wie ein Tintenklecks auf dem hellen, sonnendurchglühten Hang.

»Kommen Sie!«, sagte Marinina zu ihm. »Sie ist hier unten.«

Und flink, mit langen Schritten ausholend, führte sie ihn hinunter und bahnte ihm einen Weg durch die Gräser. Am Rand des Steilhangs blieb sie plötzlich stehen. Tief unter ihnen waren die dunklen Wipfel der Zitronenbäume.

»Gehen Sie nur dort hinunter!«, sagte sie zu ihm, und er dankte ihr und warf einen raschen Blick zu ihr auf.

Er war ein Mann in den Vierzigern, sauber rasiert, mit grauem Gesicht, sehr ruhig und eigentlich scheu. Er leitete sein Geschäft umsichtig und tüchtig, aber ohne aufsehenerregende Erfolge. Und er traute niemandem. Die alte Frau der Magna Graecia umfasste ihn mit einem Blick: Ein guter Mensch, dachte sie bei sich, aber kein Mann, der Arme!

»Die Signora ist unten«, sagte Marinina und streckte den Arm wie eine Schicksalsgöttin aus.

Und wieder sagte er mit unbeweglicher Miene: »Danke, danke!«, und hielt sich achtsam an den Pfad. Marinina hob mit vergnügter Bosheit das Kinn. Dann machte sie sich auf den Heimweg.

Maurice musste im Gewirr des mittelmeerischen Dickichts auf jeden Schritt achten und erblickte seine Frau deshalb erst, als er nach einer kleinen Biegung ganz dicht vor ihr war. Sie stand aufrecht und nackt neben dem vorspringenden Felsen und glühte von Sonne und warmem Leben. Ihre Brüste schienen sich zu heben und alarmbereit zu lauschen; ihre Schenkel waren braun und beschwingt. Der Lotus in ihrem Schoß war weit offen und breitete sich beinah klaffend in den violetten Strahlen der Sonne aus – wie eine große Lotusblüte. Und Juliet zitterte hilflos: Ein Mann kam näher. Der Blick, den sie ihm zuwarf, als er zimperlich wie Tinte auf Löschpapier näher kam, war rasch und nervös.

Maurice, der arme Mensch, zögerte, wandte den Kopf auf die Seite und blickte weg.

»Hallo, Juliet!«, rief er, nervös hüstelnd. »Das ist ja großartig!«

Er näherte sich ihr mit abgewandtem Gesicht und warf nur verstohlene Blicke auf sie, während sie mit dem eigenartigen Seidenglanz ihrer besonnten Haut vor ihm stand. Irgendwie schien sie nicht gar so schrecklich nackend zu sein. Das Goldrot der Sonnenbräune war ihr Kleid.

»Hallo, Maurice!«, sagte sie und wich etwas zurück, denn ein kalter Schatten war auf die offene Blüte ihres Schoßes gefallen. »So bald hatte ich dich nicht erwartet!«

»Stimmt«, sagte er. »Es gelang mir, mich schon etwas früher freizumachen.«

Und wieder hüstelte er gedankenlos. Er hatte sie in voller Absicht überraschen wollen.

Sie standen ein paar Meter voneinander getrennt und

schwiegen. Mit ihren sonnengebräunten, windumkosten Hüften war sie für ihn eine neue Juliet – nicht die nervöse New Yorkerin.

»Ja, wirklich«, sagte er. »Es ist – äh – großartig. Du siehst – äh – großartig aus. Wo ist der Junge?«

In seinem fernsten Innern regte sich das Verlangen nach den Gliedern und dem sonnendurchtränkten Fleisch der Frau, der fleischlichen Frau. Es war ein neues Verlangen in seinem Dasein, und es schmerzte ihn. Er wollte ablenken.

»Da ist er!«, sagte sie und deutete auf einen nackten Schlingel, der im tiefen Schatten heruntergefallene Zitronen aufeinandertürmte.

Der Vater stieß ein komisches kleines Lachen aus, fast wie ein Wiehern.

»Ach ja, da ist er ja, der kleine Mann! Fein!« Sein verängstigtes und verdrängtes Gemüt zitterte vor Erregung, und er klammerte sich an den Strohhalm seines wachen Bewusstseins. »Hallo, Johnny!«, rief er, und es klang ziemlich matt. »Hallo, Johnny!«

Der Junge blickte auf und ließ ein paar Zitronen aus seinen molligen Armen herunterpurzeln, aber er antwortete nicht.

»Lass uns zu ihm gehen«, sagte Juliet, drehte sich um und schritt den Pfad entlang. Ganz gegen ihren Willen hob sich der Schatten von der offenen Blüte ihres Schoßes, und jedes Blütenblatt zitterte freudig erregt. Ihr Mann folgte ihr und beobachtete das geschmeidige Heben und Senken ihrer rosigen Hüften, die sich im Gehen etwas wiegten. Vor Bewunderung war er ganz benommen, aber er fühlte sich furchtbar unsicher. Er war an sie als eine Dame gewöhnt.

Aber das hier war nicht mehr eine Dame, sondern ein geschmeidiger, sonnenstarker Körper, ohne Seele und verführerisch wie eine Nymphe, die ihre Hüften tanzen lässt. Was sollte er hier mit sich anfangen? Mit seinem dunkelgrauen Anzug und dem hellgrauen Hut, dem grauen Mönchsgesicht eines scheuen Geschäftsmannes und seiner grauen Kaufmannsmentalität passte er überhaupt nicht hierher. Ein seltsames Zittern schoss ihm in die Lenden und in die Beine. Er war entsetzt, denn er spürte, dass er sich mit einem wilden Triumphschrei auf diese Frau in ihrem sonnengebräunten Fleisch hätte stürzen können.

»Er sieht gut aus, nicht wahr?«, sagte Juliet, als sie durch das Meer gelber Sauerkleeblüten zu den Zitronenbäumen kamen.

»O ja! Ja! Großartig! Großartig! Hallo, Johnny! Kennst du deinen Papi nicht? Erkennst du deinen Papi nicht wieder, Johnny?« Er kauerte sich hin, dachte nicht mehr an die Bügelfalte in seiner Hose und streckte die Hände aus.

»Zitronen«, sagte das Kind, wie ein Vogel zwitschernd. »Zwei Zitronen!«

»Zwei Zitronen«, wiederholte der Vater. »Viele, viele Zitronen!«

Das Kind kam und legte seinem Vater je eine Zitrone in die ausgestreckten Hände. Dann trat es zurück und schaute ihn an.

»Zwei Zitronen«, wiederholte der Vater. »Komm, Johnny! Komm her und sag deinem Papi guten Tag!«

»Geht Papi wieder weg?«, fragte das Kind.

»Wieder weg? Hm – äh – heute noch nicht.«

Und er schloss seinen Sohn in die Arme.

»Jacke ausziehn! Papi muss Jacke ausziehn«, sagte der Junge und wehrte sich freundlich gegen die Berührung des Stoffes.

»Also gut! Papi zieht die Jacke aus.«

Er zog seine Jacke aus und legte sie sorgfältig auf die Seite, dann blickte er auf die Bügelfalten in seiner Hose und zupfte ein wenig daran, kauerte sich wieder hin und nahm seinen Sohn in die Arme. Als er den nackten, warmen Körper des Kindes spürte, wurde ihm schwach zumute. Die nackte Frau blickte auf das rosige Kind in den Armen eines Mannes in Hemdsärmeln. Der Junge hatte seinem Vater den Hut vom Kopf gezogen, und Juliet betrachtete das glatte, dunkelgrau melierte Haar ihres Mannes. Jedes Haar war ordentlich an seinem Platz. Und so gänzlich, gänzlich ohne Sonne! Der kalte Schatten senkte sich wieder über die Blüte ihres Schoßes. Sie schwieg lange, während der Vater mit dem Kind sprach, das seinen Papi geliebt hatte.

»Wie stellst du dir das nun vor, Maurice?«, fragte sie plötzlich.

Er warf ihr einen raschen Seitenblick zu und hörte ihre harte amerikanische Stimme. Er hatte sie vergessen.

»Hm – was denn, Juliet?«

»Oh, alles! Wegen hier! Ich kann doch nicht wieder zurück in die East Forty-Seventh!«

»Hm.« Er zauderte. »Nein, vermutlich nicht. Wenigstens nicht jetzt gleich.«

»Nie«, sagte sie, und dann schwiegen beide.

»Ach, hm, ich weiß nicht …«, sagte er.

»Glaubst du, dass du hierherkommen kannst?«, fragte sie stürmisch.

»Ja. Ich kann einen Monat bleiben. Doch, ein Monat, das lässt sich machen«, sagte er zögernd. Dann wagte er einen schwierigen, scheuen Seitenblick und wandte sein Gesicht wieder ab.

Sie blickte auf ihn hinunter. Ihre lebendigen Brüste hoben sich seufzend, als wollte sie den kalten Schatten der Sonnenlosigkeit ungeduldig abschütteln. »Ich kann nicht zurück«, sagte sie langsam. »Ich kann diese Sonne nicht im Stich lassen. Wenn du nicht herkommen kannst …«

Sie brach unschlüssig ab. Doch die schroffe Stimme der Amerikanerin war verschwunden, und er hörte die Stimme des Fleisches, des sonnenreifen Körpers. Wieder und immer wieder blickte er sie an, mit wachsendem Verlangen und schwindender Angst.

»Ja«, sagte er. »Das hier ist das Richtige für dich. Du bist großartig, wie du jetzt bist. Ja, ich finde auch, du kannst nicht zurück.«

Und beim schmeichelnden Klang seiner Stimme begann sich die Blüte ihres Schoßes, wenn auch gegen ihren Willen, mit zitternden Blütenblättern zu öffnen.

Er stellte sich vor, wie sie in der New Yorker Wohnung ausgesehen hatte: bleich und stumm und ihn schrecklich tyrannisierend. In seinen menschlichen Beziehungen war er das Vorbild einer sanften, scheuen Natur, und ihre stumme, furchtbare Feindseligkeit nach der Geburt des Kindes hatte ihn zutiefst erschreckt. Aber er hatte eingesehen, dass sie nichts dafür konnte. Frauen waren nun einmal so. Ihre Gefühle schlagen um und kehren sich gegen ihr eigenes Selbst – es war schrecklich, es war zerstörerisch. Schrecklich, schrecklich war das Zusammenleben mit einer solchen

Frau, deren Gefühle sich gegen ihr eigenes Selbst kehrten. Unter ihrer bedrückenden Feindseligkeit hatte er sich überwältigt gefühlt. Sich selbst hatte sie auch restlos aufgerieben, und sogar das Kind. Nein, alles andre lieber als das! Gott sei Dank schien die Sonne diese gespenstige, bedrohliche Frau jetzt aus ihr vertrieben zu haben.

»Aber was wird aus dir?«, fragte sie.

»Aus mir? Oh – ich kann ja das Geschäft weiterführen und – hm – hier lange Ferien verbringen – solange du hierbleiben willst. Bleib nur, solange du willst …« Er blickte stumm zu Boden. Er fürchtete sich so davor, den bedrohlichen, rächenden Geist ihres Frauentums in ihr zu wecken, und er hoffte sehr, dass sie so bliebe, wie er sie jetzt sah – wie eine nackte, reifende Erdbeere – eine weibliche Frucht. Als er zu ihr aufsah, sprach aus seinem unsicheren Blick etwas wie ein Flehen.

»Selbst wenn es für immer wäre?«, fragte sie.

»Oh – hm – ja, wenn du möchtest. ›Immer‹ ist sehr lange. Man kann nicht gut voraussehen.«

»Und kann ich machen, was ich will?« Sie blickte ihm herausfordernd und offen in die Augen. Vor ihrer rosigen, wettergefestigten Nacktheit fühlte er sich hilflos – so groß war seine Furcht, die andere Frau in ihr, die harte Amerikanerin, das rachsüchtige Schreckgespenst, wieder zu wecken.

»Hm – ja. Ich glaube schon. Solange du dich nicht unglücklich machst – dich und den Jungen.«

Wieder sah er mit einem zwiespältigen, unsicheren Flehen zu ihr auf: Er dachte an das Kind, aber er hoffte für sich selbst.

»Das tu ich nicht«, antwortete sie rasch.

»Ja«, sagte er. »Das glaube ich auch nicht.«

Sie schwiegen. Die Glocken im Dorf läuteten eilig die Mittagsstunde ein. Das bedeutete Essen.

Sie schlüpfte in ihren grauen Kreppkimono und band sich eine breite grüne Schärpe um die Taille. Dann streifte sie dem Jungen ein blaues Hemdchen über den Kopf, und zusammen gingen sie zum Haus hinauf.

Bei Tisch beobachtete sie ihren Mann, sein graues Stadtgesicht, sein glattgebürstetes, graumeliertes Haar, seine sehr korrekten Tischmanieren und seine übergroße Zurückhaltung im Essen und Trinken. Manchmal warf er unter seinen schwarzen Wimpern hervor einen verstohlenen Blick auf sie. Er hatte die unsicheren graugoldenen Augen eines Tieres, das jung eingefangen wurde und das dauernd ohne einen warmen Hoffnungsstrahl in fremder, kalter Gefangenschaft gelebt hatte. Nur seine schwarzen Wimpern und Brauen waren hübsch. Sie erfasste ihn nicht. Sie konnte sich nicht in ihn versetzen. Da sie selbst so voller Sonne war, konnte sie ihn nicht sehen: Seine Sonnenlosigkeit machte ihn zu einem Nichts.

Den Kaffee tranken sie auf dem Balkon, unter der rosigen Fülle der Bougainvillea. Weiter unten, jenseits, auf dem angrenzenden *podere,* saßen der Bauer und seine Frau neben dem hohen grünen Weizen unter einem Johannisbrotbaum; sie saßen einander gegenüber, zwischen ihnen war ein kleines weißes Tuch auf dem Boden ausgebreitet. Ein großes Stück Brot war noch übrig, aber sie waren fertig mit Essen und hatten dunklen Wein in ihren Gläsern. Der Bauer blickte zur Terrasse auf, sowie der Amerikaner ins Freie trat. Juliet bot ihrem Mann einen Stuhl an, der den beiden den Rücken kehrte. Dann setzte sie sich und blickte den Bauern an. Bis sie sah, dass seine dunkelhäutige Frau sich umdrehte und auch zu ihr herschaute.

5

Der Mann war rettungslos in sie verliebt. Sie sah, wie sein breites, ziemlich rotes Gesicht starr zu ihr heraufblickte, bis seine Frau sich umdrehte, um auch herzuschauen. Dann hob er sein Glas auf und kippte sich den Wein in die Kehle. Die Frau starrte die Leute auf dem Balkon lange an. Sie war hübsch und herb und bestimmt älter als er. Doch der Unterschied lag vor allem darin, dass sie, die Vierzigjährige, eine ziemlich dominierende und überlegene Frau, ihr Mann aber mit seinen fünfunddreißig Jahren eher leichtsinnig war. Es schien einen ganzen Generationen-Unterschied auszumachen. Er gehört zu meiner Generation, dachte Juliet, und sie gehört zu Maurices Generation. Juliet war noch nicht dreißig.

Der Bauer sah in seiner weißen Baumwollhose, dem hellroten Hemd und mit dem zerbeulten alten Strohhut so reizvoll und sauber aus, und er besaß all die Sauberkeit seiner Gesundheit. Er war stämmig und breit und schien eher klein, aber sein Fleisch war voll einer solchen Vitalität, als wäre er immer drauf und dran, sich zu bewegen, zu arbeiten oder sogar mit einem Kind herumzuspielen – wie sie es damals beobachtet hatte. Er war der typische italienische Bauer, der sich gern einsetzen will, leidenschaftlich gern, sich und sein kräftiges Fleisch und seinen pochenden

146

Blutpuls. Aber er war eben durch und durch ein Bauer und würde daher warten, dass die Frau den ersten Schritt machte. Mit seinem Begehren würde er in einer langsamen, verzehrenden Passivität herumlungern und immer nur hoffen, dass die Frau zu ihm käme. Er würde nie versuchen, sich ihr zu nähern, nie. Sie würde sich ihm nähern müssen. Er würde nur herumlungern – in Reichweite.

Da er ihren Blick spürte, schleuderte er seinen alten Strohhut weg und entblößte den runden Kopf mit dem kurzen braunen Haar. Er streckte seine braunrote Hand nach dem großen Brotlaib aus, brach ein Stück ab und kaute es mit vollen Backen. Er wusste, dass sie ihn sah. Und sie hatte solche Macht über ihn, das heiße, stumme Tier mit dem heißen, schweren Blutstrom in den starken Adern! Von unzähligen Sonnen war er durch und durch heiß geworden – und gedankenlos wie der hohe Mittag. Und scheu, mit einer heftigen, wilden Scheu, die mit verzehrendem Begehren auf sie warten, aber nie, niemals, den ersten Schritt machen würde.

Mit ihm zusammen: das wäre wie ein Bad in einer andern Art Sonnenschein, schwer und wuchtig und schwitzend. Und hinterher würde man es vergessen. Er persönlich würde nicht existieren. Es wäre bloß ein Bad warmen, kraftvollen Lebens – und dann das Sichtrennen und Vergessen. Dann abermals das zeugende Bad, wie die Sonne.

Würde das denn nicht gut sein? Persönliche Kontakte waren ihr so verleidet: wenn man hinterher mit dem Mann sprechen musste. Aber bei dem gesunden Geschöpf dort würde man hinterher einfach befriedigt von dannen gehen.

Während sie so dasaß, spürte sie, wie sich das Leben von ihm zu ihr und von ihr zu ihm spann. An seinen Bewegungen erkannte sie, dass er sie noch stärker spürte als sie ihn. Es war fast ein eindeutiger Schmerz im Bewusstsein ihrer beiden Körper, und jeder saß wie zerrissen da und wurde von einem scharfäugigen Gatten und Besitzer beobachtet. Und Juliet dachte: Warum soll ich nicht zu ihm gehen? Warum sollte ich nicht ein Kind von ihm tragen? Es wäre gerade so, als würde ich ein Kind der nichtbewussten Sonne und der nichtbewussten Erde tragen, ein Kind wie eine Frucht. Und die Blüte in ihrem Schoß erstrahlte. Sie kümmerte sich nicht um Gefühle oder Besitzerrechte. Sie war gänzlich unbekümmert und wollte nichts als den männlichen Tau.

Doch ihr Herz war von Furcht umschattet. Sie wagte es nicht! Wenn doch der Mann einen Ausweg finden wollte! Aber er wollte nicht. Er würde herumlauern und warten, in ewigem Verlangen herumlauern und warten, dass sie durch die Schlucht käme. Aber sie wagte es nicht. Und er würde herumlauern.

»Hast du nie Angst, dass die Leute dich sehen, wenn du dein Sonnenbad nimmst?«, fragte ihr Mann, drehte sich um und blickte zu dem Bauern hinüber. Die düstere Frau jenseits der Schlucht drehte sich ebenfalls um und starrte zur Villa hinüber. Es war eine Art Kampf.

»Nein! Das lässt sich vermeiden. Hast du Lust? Möchtest du auch Sonnenbäder nehmen?«, fragte Juliet.

»Oh – hm – ja, warum nicht? Ganz gern, solange ich hier bin.«

In seinen Augen glomm ein verzweifelter Wagemut auf,

diese neue Frucht zu kosten, diese Frau mit den rosigen, an der Sonne gereiften Brüsten, die sich spitz unter dem Kimono abzeichneten. Und sie stellte ihn sich vor: den blutleeren, gebleichten kleinen Stadtmenschen, den braven Bürger, der vor dem nackten Auge der Sonne gebrandmarkt wie ein Verbrecher dastehen würde. Wie er es verabscheuen würde, sich der Sonne preiszugeben!

Und die Blüte in ihrem Schoß wurde verwirrt, so verwirrt. Sie wusste, dass sie ihn nehmen würde. Sie wusste, dass sie sein Kind tragen würde. Sie wusste, es war für ihn, für den gebrandmarkten kleinen Stadtmenschen, dass ihr Schoß wie eine strahlende Lotusblüte offen stand, wie der purpurne Stern einer Anemone mit der dunklen Mitte. Sie wusste, dass sie nicht zu dem Bauern hinübergehen würde; sie hatte nicht genug Mut, sie war nicht frei genug.

Und sie wusste, dass der Bauer sie niemals holen würde; er war so hartnäckig passiv wie die Erde selbst und würde warten, warten, sich nur immer wieder und wieder vor ihr zeigen und mit der Beharrlichkeit tierhaften Verlangens in ihrem Blickfeld verweilen.

Sie hatte gesehen, wie das Blut in das braungebrannte Gesicht des Bauern schoss, und hatte gespürt, wie sich aus seinen aufleuchtenden Blicken eine hervorberstende, jähe blaue Glut über sie ergoss, und hatte das Erwachen seines großen Phallus gesehen, der für sie, für sie anschwoll. Und doch würde sie niemals zu ihm gehen – sie wagte es nicht, so vieles war wider sie.

Und der gebleichte kleine Körper ihres Mannes, der von der Großstadt gebrandmarkte, würde sie besitzen, und sein verrückter kleiner Penis würde wieder ein Kind in ihr zeugen. Sie konnte es nicht ändern. Sie war an das riesige, starre Rad der äußeren Umstände gefesselt, und im ganzen Weltall war kein Perseus, die Fesseln zu sprengen.

ANTON ČECHOV

Überflüssige Menschen

Die siebente Stunde eines Juniabends. Vom Zwischenhalt Chilkovo, der Sommerhaussiedlung entgegen, schleppt sich die Menge der soeben dem Zug entstiegenen Sommergäste – meist Familienväter, beladen mit Beuteln, Aktenmappen und Hutkartons. Alle haben ein erschöpftes, hungriges und böses Aussehen, so als strahle die Sonne und grüne das Gras nicht für sie.

Unter anderen schleppt sich auch Pavel Matveevič Zajkin dahin, Mitglied des Kreisgerichts, ein großgewachsener, leicht gebeugter Mensch in billiger Kolomenka und mit einer Kokarde an der verblichenen Schirmmütze. Er schwitzt, ist rot und finster.

– Belieben Sie jeden Tag ins Sommerhaus zu fahren? – wendet sich ein Sommergast in rostroten Hosen an ihn.

– Nein, nicht jeden, – antwortet Zajkin mürrisch. – Meine Frau und mein Sohn wohnen ständig hier, ich komme zweimal die Woche. Ich habe nicht die Zeit, jeden Tag zu fahren, außerdem ist es teuer.

– Stimmt, teuer ist es, – seufzen die rostroten Hosen. – In der Stadt kommt man zum Bahnhof nicht zu Fuß, man braucht eine Droschke, dann kostet die Fahrkarte zweiundvierzig Kopeken … Man kauft sich eine Zeitung für unterwegs, trinkt aus Schwäche ein Gläschen. All das sind Kopekenbeträge, aber eh man sichs versieht, kommen über den Sommer zweihundert Rubel zusammen. Gewiß, der Schoß der Natur ist mehr wert, das will ich nicht bestreiten ... die Idylle und so weiter, aber bei unserem Beamtengehalt, Sie wissen ja, zählt jede Kopeke. Gibt man unvorsichtigerweise eine Kopeke zuviel aus, schon kann man die ganze Nacht nicht schlafen ... So ist das ... Ich, mein Herr, habe nicht die Ehre, Sie bei Vor- und Vatersnamen zu kennen, ich erhalte knapp zweitausend im Jahr, stehe im Rang eines Staatsrats, aber rauche Tabak zweiter Wahl und habe nicht den Rubel übrig, um mir das Mineralwasser Marke Vichy zu kaufen, das mir gegen mein Leberleiden verschrieben wurde.

– Es ist überhaupt eine Qual, – sagt Zajkin nach einigem Schweigen. – Ich, mein Herr, bin der Ansicht, das Leben im Sommerhaus haben die Teufel und die Ehefrauen erfunden. Den Teufel hat im gegebenen Fall die Bosheit geleitet und die Frau der extreme Leichtsinn. Meine Güte, das ist kein Leben, sondern die Katorga, die Hölle! Hier ist es stickig, heiß, schwer zu atmen, man hechelt von Ort zu Ort wie jemand, der nicht gebeichtet hat, und findet nirgends ein Obdach. Dort, in der Stadt, weder Möbel noch Dienstboten ... alles ist im Sommerhaus ... man ernährt sich weiß der Teufel wie, trinkt keinen Tee, weil niemand da ist, der den Samovar anheizt, man wäscht sich nicht, sondern kommt hierher, in diesen Schoß der Natur, und geht zu Fuß durch Staub und Hitze ... tffu! Sind Sie verheiratet?

– Ja ... Drei Kinder, – seufzen die rostroten Hosen.

– Es ist überhaupt eine Qual ... Geradezu erstaunlich, daß wir noch am Leben sind.

Endlich sind die Sommergäste in der Siedlung angekommen. Zajkin verabschiedet sich von den rostroten Hosen und geht zu seinem Sommerhaus. Zu Hause trifft er auf Totenstille. Man hört nur, wie die Mücken summen und eine Fliege um Hilfe ruft, die einer Spinne als Mahlzeit ins Netz gegangen ist. Die Fenster sind mit Musselingardinchen verhängt, durch die das Rot der welkenden Geranien dringt. An den ungestrichenen Holzwänden, um die Oleographien herum, dösen die Fliegen. Im Flur, in der Küche, im Eßzimmer – keine Menschenseele. In dem Zimmer, das Salon und Saal zugleich genannt wird, trifft Zajkin seinen Sohn Petja, einen kleinen sechsjährigen Jungen. Petja sitzt am Tisch und schneidet, laut schnaufend, die Unterlippe vorgeschoben, mit der Schere aus einer Spielkarte den Karobuben aus.

– Ah, du bists, Papa! – sagt er, ohne sich umzudrehen. – Tag!

– Tag ... Und wo ist deine Mutter?

– Mama? Ist mit Olga Kirillovna zur Probe gefahren, Theater spielen. Übermorgen ist die Vorstellung. Mich nehmen sie auch mit. Gehst du hin?

– Hm! ... Und wann kommt sie zurück?

– Sie hat gesagt, sie kommt abends zurück.

– Und wo ist Natalja?

– Natalja hat Mama mitgenommen, damit sie ihr auf der Probe beim Ankleiden hilft, und Akulina ist in den Wald, Pilze sammeln. Papa, wie kommt es, daß die Mücken, wenn sie stechen, rote Bäuche kriegen?

– Weiß ich nicht ... Weil sie Blut saugen. Also ist niemand zu Hause?

– Niemand. Nur ich.

Zajkin setzt sich in einen Sessel und blickt stumpf eine Minute lang zum Fenster hinaus.

– Und wer gibt uns dann zu essen? – fragt er.

– Essen haben sie heute keins gekocht, Papa! Mama dachte, du kommst heute nicht, und hat kein Essen kochen lassen. Olga Kirillovna und sie essen auf der Probe.

– Ergebensten Dank, und was hast du gegessen?

– Milch. Mir haben sie für sechs Kopeken Milch gekauft. Papa, warum saugen die Mücken Blut?

Zajkin spürt plötzlich, wie sich ihm etwas Schweres auf die Leber legt und an ihr zu saugen beginnt. Ihm wird so ärgerlich, beleidigend und bitter, daß er schwer atmet und zittert; er würde am liebsten aufspringen, mit etwas Schwerem auf den Fußboden schlagen und in Schimpfen ausbrechen, aber da erinnert er sich, daß die Ärzte ihm Aufregung streng verboten haben; er steht auf und beginnt, sich beherrschend, etwas aus den »Hugenotten« zu pfeifen.

– Papa, kannst du Theater spielen? – hört er Petjas Stimme.

– Ach, bleib mir vom Leib mit deinen dummen Fragen! – ärgert sich Zajkin. – Du klebst an einem wie das Birkenblatt im Badehaus! Du bist schon sechs, aber immer noch so dumm wie vor drei Jahren … Ein dummer, verzogener Bengel! Wozu, zum Beispiel, zerschneidest du diese Karte? Was unterstehst du dich, sie zu zerschneiden?

– Das sind nicht deine Karten, – sagt Petja und dreht sich um. – Die hat mir Natalja geschenkt.

– Du lügst! Du lügst, verdammter Bengel! – ärgert sich Zajkin mehr und mehr. – Du lügst in einem fort! Eine

Tracht Prügel sollte man dir verpassen, kleines Ferkel! Ich ziehe dir die Ohren lang!

Petja springt auf, reckt den Hals und blickt eindringlich in das rote, zornige Gesicht des Vaters. Zuerst zwinkern die großen Augen des Jungen, dann überziehen sie sich mit Feuchtigkeit, und sein Gesicht verzerrt sich.

– Was schimpfst du so? – winselt Petja. – Was mäkelst du an mir herum, dummer Kerl? Ich rühre niemanden an, spiele keine Streiche, gehorche, und du … regst dich auf! Warum schimpfst du mit mir?

Der Junge spricht überzeugend und weint so bitterlich, daß Zajkin sich zu schämen beginnt.

»Tatsächlich, was mäkle ich an ihm herum?« – denkt er.

– Schon gut … schon gut, – sagt er und berührt den Jungen an der Schulter. – Tut mir leid, Petjucha … verzeih. Du bist mein kluger, feiner Junge, ich habe dich lieb.

Petja wischt sich mit dem Ärmel die Augen, setzt sich mit einem Seufzer auf seinen Platz und beginnt, eine Dame auszuschneiden. Zajkin geht in sein Kabinett. Er streckt sich auf dem Divan aus, legt die Hände unter den Kopf und versinkt in Nachdenken. Die eben vergossenen Tränen des Jungen haben seinen Zorn besänftigt, und um die Leber wird es allmählich leichter. Er verspürt nur noch Erschöpfung und Hunger.

– Papa! – hört Zajkin hinter der Tür. – Soll ich dir meine Insektensammlung zeigen?

– Zeig her.

Petja kommt ins Kabinett und gibt dem Vater eine lange grüne Schachtel. Noch bevor Zajkin sie ans Ohr gehalten hat, hört er ein verzweifeltes Summen und Kratzen von

Beinchen an den Innenwänden der Schachtel. Er hebt ein wenig den Deckel und sieht eine Menge Schmetterlinge, Käfer, Heuschrecken und Fliegen, am Boden der Schachtel auf Stecknadeln gespießt. Alle, mit Ausnahme von zwei-drei Schmetterlingen, sind noch am Leben und bewegen sich.

– Die Heuschrecke ist ja noch am Leben! – wundert sich Petja. – Gestern morgen haben wir sie gefangen, und sie ist immer noch nicht tot!

– Und wer hat dir beigebracht, sie aufzuspießen? – fragt Zajkin.

– Olga Kirillovna.

– Olga Kirillovna sollte man genauso aufspießen! – sagt Zajkin angewidert. – Bring das weg! Und schäm dich, Tiere zu quälen!

»Gott, wie er erzogen wird«, denkt er, als Petja gegangen ist.

Pavel Matveevič hat Erschöpfung und Hunger schon vergessen und denkt nur mehr über das Schicksal seines Jungen nach. Vor den Fenstern verblaßt indessen allmählich das Tageslicht ... Man hört, wie die Sommergäste in Gruppen vom abendlichen Bad zurückkehren. Jemand bleibt vor dem geöffneten Eßzimmerfenster stehen und ruft: »Ein paar Pilzchen gefällig?« – ruft es und schlurft, da er keine Antwort erhält, barfuß weiter ... Aber da, als die Dämmerung sich so weit verdichtet hat, daß die Geranien hinter den Musselingardinchen ihre Umrisse verlieren und die Frische des Abends zum Fenster hereinströmt, öffnet sich im Flur geräuschvoll die Tür, und man hört rasche Schritte, Reden, Gelächter ...

– Mama! – winselt Petja auf.

Zajkin wirft einen Blick aus dem Kabinett und sieht seine Frau Nadežda Stepanovna, gesund, rosig, wie immer ... Mit ihr gekommen sind Olga Kirillovna, eine dürre Blondine mit großen Sommersprossen, und zwei unbekannte Männer, der eine jung, lang, mit rostrotem Lockenkopf und großem Adamsapfel, der andere klein, untersetzt, mit glattrasierter Schauspielerphysiognomie und einem grauen schiefen Kinn.

– Natalja, heiz den Samovar an! – ruft Nadežda Stepanovna, laut mit dem Kleid raschelnd. – Man sagt, Pavel Matveevič sei gekommen? Pavel, wo bist du? Guten Abend, Pavel! – sagt sie, schwer atmend ins Kabinett eilend. – Du bist gekommen? Freut mich sehr ... Zwei von unsern Liebhabern sind mitgekommen ... Gehn wir, ich stelle dich vor ... Der eine, der Längere, ist Koromyslov ... er singt sehr schön, der andere, der Kleine, ist ein gewisser Smerkalov, ein echter Schauspieler ... er hat einen großartigen Vortrag. Uff, bin ich erschöpft! Wir hatten gerade Probe ... Es läuft großartig! Wir geben den »Mieter mit der Posaune« und »Sie erwartet ihn« ... Übermorgen ist Premiere.

– Wozu hast du sie mitgebracht? – fragt Zajkin.

– Das mußte sein, Papočka. Nach dem Tee müssen wir die Rollen probieren und das eine oder andere Couplet einstudieren ... Ich singe mit Koromyslov im Duett ... Ach ja, damit ich nicht vergesse! Liebster, schick Natalja los, Sardinen, Vodka, Käse und noch irgendwas zu holen. Sie werden wahrscheinlich auch zu Abend essen ... Oh, bin ich müde!

– Hm! ... Ich habe kein Geld!

– Aber das geht nicht, Papočka! Wie peinlich! Zwinge mich nicht zu erröten!

Eine halbe Stunde später wird Natalja losgeschickt, um Vodka und Zakuski zu besorgen; nachdem Zajkin sich an Tee satt getrunken und ein ganzes französisches Weißbrot gegessen hat, geht er ins Schlafzimmer und legt sich auf das Bett, Nadežda Stepanovna und ihre Gäste dagegen machen sich lärmend und unter Gelächter an das Probieren ihrer Rollen. Pavel Matveevič hört lange den näselnden Vortrag Koromyslovs und die schauspielerischen Ausrufe Smerkalovs … Auf den Vortrag folgt eine lange Unterhaltung, unterbrochen vom winselnden Gelächter Olga Kirillovnas. Smerkalov, der echte Schauspieler, erklärt die Rollen mit Aplomb und Feuer …

Des weiteren folgt das Duett, und auf das Duett Geschirrklappern … Zajkin hört im Halbschlaf, wie Smerkalov überredet wird, die »Sünderin« vorzutragen, und wie dieser, nach einiger Ziererei, zu deklamieren beginnt. Er zischt, schlägt sich vor die Brust, weint, lacht mit heiserem Baß … Zajkin runzelt die Stirn und steckt den Kopf unter die Bettdecke.

– Sie haben einen so weiten Weg, und es ist dunkel, – hört er eine Stunde später Nadežda Stepanovnas Stimme. – Warum bleiben Sie nicht über Nacht bei uns? Koromyslov legt sich hier im Salon auf den Divan, und Sie, Smerkalov, in Petjas Bett … Petja legen wir ins Kabinett meines Mannes … Wirklich, bleiben Sie!

Endlich, als die Uhr zwei schlägt, verstummt alles … Die Schlafzimmertür öffnet sich, und Nadežda Stepanovna erscheint.

– Pavel, du schläfst? – flüstert sie.

– Nein, was ist?

– Liebster, geh zu dir in dein Kabinett, leg dich auf den Divan, und hier, in dein Bett, lege ich Olga Kirillovna. Geh, mein Lieber! Ich wollte sie ins Kabinett legen, aber sie fürchtet sich, allein zu schlafen ... Steh schon auf!

Zajkin erhebt sich, wirft den Chalat über, nimmt ein Kissen und schleppt sich in sein Kabinett ... Er tastet sich zu seinem Divan vor, zündet ein Streichholz an und sieht: auf dem Divan liegt Petja. Der Junge schläft nicht und blickt mit großen Augen auf das Streichholz.

– Papa, wieso schlafen die Mücken nachts nicht? – fragt er.

– Weil ... weil, – murmelt Zajkin, – weil wir hier beide überflüssig sind ... Nicht mal zu schlafen hat man irgendwo!

– Papa, und wieso hat Olga Kirillovna Sommersprossen im Gesicht?

– Ach, laß mich in Ruhe! Du fällst mir auf die Nerven!

Nach kurzem Überlegen kleidet Zajkin sich an und geht auf die Straße, um sich zu erfrischen ... Er blickt in den grauen Morgenhimmel, auf die reglosen Wolken, hört den trägen Schrei eines verschlafenen Wachtelkönigs und beginnt vom morgigen Tag zu träumen, wenn er, wieder in der Stadt und vom Gericht zurück, sich schlafen legen würde ... Plötzlich zeigt sich hinter einer Ecke eine menschliche Figur.

»Sicher der Wächter ...« – denkt Zajkin.

Aber als er genauer hinsieht und näher kommt, erkennt er in der Figur den Sommergast von gestern in den rostroten Hosen.

– Sie schlafen nicht? – fragt er.

– Nein, ich kann irgendwie nicht schlafen ... – seufzen die rostroten Hosen. – Ich genieße die Natur ... Bei mir, wissen Sie, ist mit dem Nachtzug ein teurer Gast angekommen ... die Frau Mama meiner Frau. Mit ihr sind auch meine Nichten eingetroffen ... sehr gute Mädchen. Freut mich sehr, obwohl es ... schon sehr feucht ist! Und Sie belieben ebenfalls die Natur zu genießen?

– Ja, – raunzt Zajkin, – auch ich genieße die Natur ... Wissen Sie nicht, ob hier in der Nähe eine Schenke ist oder ein kleines Wirtshaus?

Die rostroten Hosen heben die Augen zum Himmel und versinken tiefsinnig in Nachdenken ...

JEAN-JACQUES ROUSSEAU

Fünfter Spaziergang

Aus: »Die Träumereien eines einsamen Spaziergängers«

Von allen Wohnsitzen, die ich schon innehatte – und es waren darunter ganz reizende –, hat keiner mich so wahrhaftig beglückt und so viel zärtliche Sehnsucht in mir nachklingen lassen wie jener auf der St.-Peters-Insel inmitten des Bielersees. Diese kleine Insel, die man in Neuenburg die La Motte-Insel nennt, ist selbst in der Schweiz recht wenig bekannt. Meines Wissens wird sie von keinem Reisenden erwähnt. Sie ist aber voll Anmut und besonders dazu geschaffen, Menschen glücklich zu machen, die sich gern absondern; denn wenn ich auch auf der Welt vielleicht der einzige bin, dem sein Schicksal dies als Gesetz auferlegt hat, so kann ich doch nicht glauben, daß ich als einziger so natürlichen Gefallen daran finde, mag mir auch dieser Hang bisher bei niemandem begegnet sein.

Die Ufer des Bielersees sind wilder und romantischer als die des Genfersees, weil Felsen und Wälder hier näher ans Wasser heranrücken; trotzdem sind sie nicht weniger lieblich. Wenn hier Weinberge, bebaute Felder und städtische Ansiedlungen spärlicher sind, so gibt es dagegen mehr grüne Flächen, mehr Wiesen, zufluchtbietende schattige Gehölze, zahlreichere Gegensätze, mehr Abwechslung auf engstem Raum. Da entlang diesen glücklichen Ufern keine

Fahrstraßen führen, wird die Gegend von Reisenden wenig besucht; doch wie anziehend ist sie für einsame Betrachter, die sich gern an den Reizen der Natur in Muße berauschen und einer Stille überlassen, in die kein anderer Laut dringt als der Schrei des Adlers, das oft unterbrochene Gezwitscher der Vögel und das Rauschen der Wildbäche, die sich von den Berghängen ergießen. In dem schönen, beinahe runden Seebecken liegen zwei kleine Inseln, die größere besiedelt und angebaut, ungefähr eine halbe Meile im Umfang, die andere unbewohnt, brachliegend und der schließlichen Zerstörung anheimgegeben, da man ständig Erdgrund von ihr wegführt, um damit auf der größeren Insel die Schäden auszubessern, die Gewitterstürme und Wellenschlag ihr zugefügt haben. So wird die Substanz des Schwachen stets zum Nutzen des Starken aufgezehrt.

Es gibt auf der Insel ein einziges, aber großes, gefälliges und behagliches Haus, das, wie die Insel selbst, Eigentum des Berner Spittels ist und das ein Steuereinzieher mit Familie und Dienstboten bewohnt. Er unterhält einen reichen Viehbestand, einen Geflügelhof und Fischbassins. Bei all ihrer Kleinheit ist die Insel in Bodenbeschaffenheit und Erscheinung so vielgestaltig, daß sie sich, je nach Standort, immer wieder anders darbietet und für die verschiedensten Kulturen eignet. Da gibt es Felder, Weinberge, Gehölze, Obstgärten, fette Weiden, von Buschwerk beschattet und von Bäumchen aller Art umgrenzt, denen der nahe Wassersaum Kühle spendet; in der Längsrichtung der Insel zieht sich eine hohe, mit zwei Baumreihen bepflanzte Uferterrasse hin, mit einem hübschen Pavillon, in dem die

Bewohner der benachbarten Ufergegenden oft zusammenkommen und sich in der Zeit der Weinernte zum Tanz einfinden.

Auf diese Insel flüchtete ich nach der Steinigung von Môtiers. Ich fand den Aufenthalt auf ihr so bezaubernd und führte da ein Leben, das meiner Gemütsstimmung so sehr zusagte, daß mich, entschlossen wie ich war, bis ans Ende meiner Tage nicht mehr fortzugehen, nur der Gedanke beunruhigte, man könnte mich hindern, diesen Plan auszuführen; denn mit diesem ließ sich der andere Plan, mich nach England fortzuschleppen, dessen Auswirkungen ich schon spürte, nicht vereinbaren. In den mich quälenden Vorahnungen hätte ich gewünscht, man würde aus diesem Zufluchtsort ein ständiges Gefängnis für mich machen, mich darin für mein ganzes Leben einsperren und mir jede Art von Verbindung mit dem festen Land verbieten, ohne Möglichkeit und Hoffnung, je hinauszukommen; so würde ich ohne Kenntnis von dem, was in der Welt geschähe, ihr Vorhandensein vergessen, wie auch mein eigenes Dasein in Vergessenheit geriete.

Man hat mich kaum zwei Monate auf dieser Insel gelassen, doch hätte ich auf ihr zwei Jahre, zwei Jahrhunderte und eine ganze Ewigkeit zugebracht, ohne mich einen Augenblick zu langweilen, obwohl ich auf ihr einzig die Gesellschaft des Steuereinnehmers, seiner Frau und seiner Dienstboten hatte, in Wahrheit alles recht brave Leute, doch nicht mehr. Aber dies war gerade, was ich brauchte. Ich halte diese zwei Monate für die glücklichste Zeit, die ich je erlebte; derart war mein Glück, daß es mir bis ans Lebensende genügt hätte, ohne daß in meiner Seele auch nur für einen Augenblick der Wunsch nach einem andern Zustand erwacht wäre.

Welcher Art war denn dieses Glück, und worin bestand der Genuß, den es mir gewährte? Ich möchte, daß es die Menschen unseres Jahrhunderts aus der Beschreibung des Lebens, das ich führte, erraten. Ein köstliches *far niente* war der erste und hauptsächlichste dieser Genüsse, den ich in seiner ganzen Süßigkeit auskosten wollte; alles, was ich während meines Aufenthalts tat, war in Wirklichkeit nur die wonnige und mir notwendige Beschäftigung des Müßigseins.

Die Hoffnung, daß man sich nichts Besseres wünschen würde, als mich an diesem abgelegenen Ort zu lassen, in den ich mich ganz verfangen hatte, den ich nicht unbemerkt und ohne Beihilfe verlassen konnte und wo ich nur unter Mitwirkung meiner Umgebung eine briefliche oder sonstige Verbindung mit der Außenwelt zu pflegen imstande war, diese eine Hoffnung rief die andere in mir wach, daß mir vergönnt sein würde, mein Leben ruhiger, als es bisher gewesen war, zu enden. Dabei hatte der Gedanke, daß ich Zeit hätte, mich in völliger Muße einzurichten, zur Folge, daß ich damit anfing, überhaupt keine Vorkehrungen zu treffen. Nachdem ich ganz plötzlich, allein und bloß, hieher gebracht worden war, ließ ich nach und nach meine Haushälterin, meine Bücher und meine kleine Ausrüstung kommen, wobei es mir aber Vergnügen machte, gar nichts davon auszupacken; Kisten und Koffer ließ ich stehen, wie sie angekommen waren, und ich lebte in der Behausung, in der ich meine Tage zu beschließen gedachte, wie in einer Herberge, von der ich morgen wieder aufzubrechen hätte. Die Sachen standen, so wie sie waren, aufs beste, so daß man sie durch den Versuch, sie besser in Ordnung zu bringen, nur verdorben hätte. Eine meiner größten Freuden war, meine Bücher stets in ihren Kisten verpackt zu lassen und kein Schreibzeug zu haben. Wenn ich gezwungen war, zur Beantwortung unglückseliger Briefe, die Feder in die Hand zu nehmen, entlieh ich murrend das Schreibzeug des Steuereinnehmers und beeilte mich, es ihm zurückzugeben, in der trügerischen Hoffnung, daß ich es nicht wieder zu entleihen haben würde. Anstelle der armseligen Papier- und Bücherhaufen füllte ich mein Zimmer mit Blumen und Gräsern, befand ich mich doch im Zustand meiner ersten inbrünstigen Begeisterung für die Botanik, für die mir Doktor d'Ivernois eine Neigung eingeflößt hatte, die bald zur Leidenschaft wurde. Da ich mich nicht mehr mit Arbeit befassen wollte, brauchte ich eine andere unterhaltende und mir zusagende Beschäftigung, die mir nur so viel Mühe verursachte, wie ein Faulenzer sie sich zu nehmen beliebt. Ich hatte vor, eine *Flora Petrinsularis* zu verfassen und alle Pflanzen der Insel, ohne eine einzige auszulassen, so genau zu beschreiben, daß es mich für den Rest meines Lebens beschäftigt hätte. Es heißt, ein Deutscher habe über eine Zitronenschale ein Buch geschrieben. Ich hätte eines schreiben mögen über jedes Wiesengras, jede Moospflanze in den Wäldern, jede Flechte, die die Felsen überzog; ich wollte schließlich keinen Grashalm, kein pflanzliches Atom übriglassen, das nicht weitläufig beschrieben worden wäre.

Diesem schönen Plan zufolge ging ich jeden Morgen nach dem gemeinsamen Frühstück, eine Lupe in der Hand, mein *Systema natura* unter dem Arm, ein bestimmtes Gebiet der

Insel zu erforschen, das ich zu diesem Zweck in kleine Vierecke eingeteilt hatte, von denen ich eines nach dem andern in jeder Jahreszeit untersuchen würde. Nichts ist merkwürdiger als die Entzückungen und Ekstasen, die ich empfand, während ich Struktur und Bildung der Pflanzen und bei der Befruchtung das Verhalten ihrer Geschlechtsorgane beobachtete, das mir in seinem Zusammenspiel damals ganz neu war. Die Unterscheidung der Gattungsmerkmale, von denen ich vorher nicht die geringste Vorstellung gehabt hatte, bezauberte mich, wenn ich sie auch vorläufig nur an den gewöhnlichen Pflanzenarten vornehmen konnte; später würden mir dann auch seltenere begegnen. Die Gabelung der beiden langen Staubfäden der Prunelle, ihre federnde Schnellkraft bei der Brennessel und beim Mauerkraut, die Explosion der Frucht des Springkrauts und der Kapsel des Buchses, tausend kleine Spiele der Befruchtung, die ich zum erstenmal beobachtete, machten mich überglücklich, und ich ging herum und fragte die Leute, ob sie die Hörner der Prunelle gesehen hätten, wie La Fontaine jeden darauf ansprach, ob er den Propheten Habakuk gelesen habe. Nach zwei oder drei Stunden kam ich mit Ernte reich beladen zurück, an der ich im Falle von Regenwetter den ganzen Nachmittag zu Hause unterhaltende Beschäftigung finden konnte. Den Rest des Vormittags verbrachte ich, indem ich mit dem Steuereinnehmer, seiner Frau und Therese die Arbeit der Knechte oder den Stand der Ernte besichtigen ging, wobei ich oft mit Hand anlegte; Leute aus Bern, die mich besuchten, fanden mich oft auf hohen Bäumen eingenistet, mit einem Sack umgürtet, den ich mit Früchten füllte und hierauf an einem Seil auf den Boden niederließ. Diese körperliche Betätigung am Vormittag und die gute Laune, die mit ihr einherging, machten mir die Mittagspause sehr angenehm; doch wenn sich diese zu sehr in die Länge zog und das schöne Wetter draußen lockte, litt es mich nicht lang im Haus; während die andern noch bei Tisch saßen, stahl ich mich fort, um mich allein in ein Boot zu werfen, das ich, wenn der See ruhig war, bis in seine Mitte hinausruderte. Dort ließ ich mich, der Länge nach im Boot ausgestreckt, die Augen zum Himmel erhoben, langsam im Wellengang dahintreiben, manchmal stundenlang in undeutliche, aber zauberische Träumereien versunken, die, ohne daß sie einen bestimmten oder zusammenhängenden Inhalt gehabt hätten, doch hundertmal mehr nach meinem Sinn waren als alles, was mir unter den Freuden des Lebens am süßesten erschienen war. Oft war ich, wenn die sinkende Sonne mir das Zeichen zur Rückkehr gab, so weit von der Insel entfernt, daß ich aus aller Kraft zu rudern hatte, um sie noch vor Einbruch der Dunkelheit zu erreichen. An andern Tagen fand ich Vergnügen daran, statt auf den weiten See hinauszufahren, im Boot den grünen Ufern der Insel entlangzugleiten, wo das durchsichtige Wasser und die kühlen Schattenplätze mich oft zum Baden verlockten. Doch ging eine meiner häufigsten Fahrten von der großen zur kleinen Insel hinüber, wo ich das Boot verließ und zuweilen, auf sehr beschränktem Raum flanierend, den Nachmittag unter den Weiden, den Faulbäumen, dem Flohkraut, den Bäumchen aller Art zubrachte. Oder ich ließ mich zuhöchst auf einem grasbewachsenen, sandigen Hügel nieder, auf dem neben Thymian und Blumen aller Art auch Klee und Esparsetten gediehen, die man wohl früher einmal hier angesät hatte. Dies schien mir ein Ort, wo sich Kaninchen ansiedeln ließen, auf daß sie sich, unbehelligt und ohne zu schaden, friedlich vermehren könnten. Als ich diesen Einfall dem Steuereinnehmer erzählte, ließ er aus Neuenburg eine Anzahl männlicher und weiblicher Kaninchen kommen, und wir alle, seine Frau, eine seiner Schwestern, Therese und ich, gingen feierlich, um sie auf der kleinen Insel auszusetzen, wo sie vor meiner Abreise schon begonnen hatten, sich zu vermehren, und wo sie wohl weiter gediehen sind, wenn sie den Unbilden des Winters gewachsen waren. Die Gründung dieser kleinen Kolonie war ein richtiges Fest. Der Führer der Argonauten kann nicht stolzer gewesen sein als ich, während ich die Gesellschaft und die Tiere im Triumph von der großen Insel zur kleinen hinübergeleitete, und ich bildete mir etwas darauf ein, daß die Steuereinzieherin, die vor dem Wasser die größte Angst hatte und der es darauf stets übel wurde, unter meiner Führung vertrauensvoll ins Boot stieg und diesmal während der Überfahrt keine Spur von Ängstlichkeit zeigte.

Wenn der See unruhig war und keine Bootfahrten erlaubte, verbrachte ich den Nachmittag auf Streifzügen durch die Insel, links und rechts botanisierend, mich zuweilen an den lieblichsten und einsamsten Plätzchen hinsetzend, um meinen Träumen nachzuhängen, zuweilen die Terrassen und Anhöhen zur Rast wählend, von wo aus ich die Augen auf dem prächtigen, hinreißenden Ausblick auf den See und die Ufergelände ruhen ließ. Darüber erhoben sich auf der einen Seite die nahen Berge, während auf der andern Seite reiche und fruchtbare Ebenen sich dehnten, die den Blick bis zu den weiter entfernten, den Horizont begrenzenden bläulichen Bergen freigaben.

Wenn der Abend nahte, stieg ich von den Höhen der Insel herab und setzte mich gern an einem verborgenen Uferplätzchen an den Strand; das Geräusch der Wellen und die Bewegung des Wassers nahmen da meine Sinne gefangen und verscheuchten jede andere Unruhe aus meiner Seele, sie in eine köstliche Träumerei versenkend, in der mich oftmals die Nacht unversehens überraschte. Das Atmen der Flut, ihr fortwährendes, aber zeitweilig anschwellendes Rauschen, das mir unablässig Ohr und Augen füllte, trat an die Stelle der in diesem traumhaften Zustand ausgelöschten inneren Bewegung und war genug, mich mein Dasein mit Genuß empfinden zu lassen, ohne daß ich mir die Mühe genommen hätte, zu denken. Von Zeit zu Zeit stieg ein schwacher und flüchtiger Gedanke über die Unbeständigkeit der Dinge dieser Welt in mir auf, von der die Wasserfläche mir ein Bild bot; bald aber verwischten sich diese leisen Eindrücke in dem mich wiegenden gleichmäßigen Rhythmus, der ohne irgendeine tätige Mitwirkung meiner Seele nicht abließ, mich in solchem Maß gefangenzuhalten, daß ich mich stets nur mit Anstrengung losriß, wenn die vorgerückte Stunde und das vereinbarte Zeichen mich zurückriefen.

War es nach dem Nachtessen draußen schön, so machten wir alle gemeinsam noch einen Rundgang, um uns in der Abendkühle und im Seewind zu erfrischen; im Pavillon auf der Terrasse ruhten wir eine Weile aus, lachend, plaudernd, ein altes Lied singend, das gewiß so wertvoll war wie all die heute in Mode gekommenen Geschraubtheiten. Und dann gingen wir endlich schlafen, mit dem verlebten Tag zufrieden und nur mit dem einen Wunsch, daß ihm morgen ein ähnlicher nachfolge.

In dieser Weise verlief, wenn nicht unerwartete Besucher mich störten, mein Leben, während ich auf dieser Insel wohnte. Und nun sage man mir, was daran so besonders Anziehendes war, daß ein stets waches, zärtliches Verlangen mich noch nach fünfzehn Jahren nie an den geliebten Ort zurückdenken läßt, ohne daß ich mich in sehnsüchtigem Drang von neuem dorthin versetzt fühle.

In den Wechselfällen eines langen Lebens habe ich bemerkt, daß mich in der Erinnerung nicht die Tage der süßesten Freuden und lebhaftesten Genüsse am stärksten anziehen und bewegen. Diese kurzen Augenblicke der Leidenschaft und Entrückung, so intensiv sie sein mochten, sind gerade in ihrer Lebensfülle nur ganz vereinzelte Punkte in der Gesamtheit des Daseins. Sie sind zu selten und zu flüchtig, um einen Zustand zu bilden; das Glück aber, nach dem sich mein Herz zurücksehnt, besteht nicht aus vergänglichen Augenblicken, sondern ist ein einfacher und dauernder Zustand, dem an sich nichts Erregendes anhaftet, dessen Zauber jedoch durch seine Dauer erhöht wird, so daß man darin endlich die höchste Glückseligkeit erreicht.

Alles ist auf Erden in ständigem Wechsel begriffen. Nichts bewahrt eine stete und endgültige Form, und unsere Liebesgefühle, die sich an äußere Dinge heften, gehen unausweichlich vorbei und wechseln mit diesen Dingen. Uns immer vorauseilend oder hinter uns zurückbleibend, rufen sie die Vergangenheit wieder herbei, die nicht mehr ist, oder kommen der Zukunft zuvor, der es oft nicht bestimmt ist, sich zu verwirklichen: es gibt da nichts Festes, an das sich das Herz halten könnte. Darum wird uns auf Erden kaum ein Vergnügen zuteil, das nicht vorüberginge; daß es aber für einen Menschen hier ein dauerhaftes Glück geben könne, bezweifle ich durchaus. In unseren lebhaftesten Genüssen ist kaum je ein Augenblick, wo unser Herz wahrhaft sagen kann: ich wollte, daß dieser Augenblick ewig dauerte. Geht es denn aber an, einen flüchtigen Zustand, der unser Herz noch unruhig und leer läßt und in dem wir zuvor noch etwas vermissen und hernach noch etwas begehren, als Glück zu bezeichnen?

Wenn es jedoch einen Zustand gibt, in dem die Seele so festen Grund gefunden hat, daß sie auf ihm völlig ruht und ihr ganzes Wesen sammelt, ohne die Vergangenheit wachrufen oder in die Zukunft hinübergreifen zu wollen, da bedeutet der Seele die Zeit nichts mehr, für sie ist nur noch Gegenwart, die sich in ihrem Verweilen nicht fühlbar macht und in der keine Aufeinanderfolge sich abzeichnet; da ist sie auch frei von jedem Gefühl der Entbehrung oder des Genusses, der Freude oder des Schmerzes, des Wunsches oder der Furcht, außer jenem einzigen Gefühl des Daseins, das sie vollkommen erfüllt; solange dieser Zustand währt, kann sich jener, der darin weilt, glücklich nennen, doch nicht im Besitz eines unvollkommenen, armseligen und bedingten Glücks, wie man es in den Zerstreuungen des Lebens findet, sondern eines hinreichenden, vollständigen, vollkommenen Glücks, das in der Seele nicht die geringste Leere mehr läßt, die sie noch auszufüllen begehrte. In einem solchen Zustand befand ich mich oft in meinen einsamen Träumereien auf der St.-Peters-Insel, manchmal in meinem Boot ausgestreckt, das ich dem Wellengang überließ, manchmal am Ufer des stürmisch bewegten Sees, am Rand eines schönen Flüßchens oder eines über den Kieselgrund murmelnd einherfließenden Baches hingelagert.

Was ist es, das man in einer derartigen Lage genießt? Nichts, was außer einem liegt, nichts, wenn nicht sein Ich und sein eigenes Dasein; solange dieser Zustand währt, ist man sich selbst genug wie Gott. Das Daseinsgefühl ist, entblößt von jeder andern Bindung, an sich ein kostbares Gefühl der Erfüllung und des Friedens, das allein schon genügte, diesem Dasein Wert und Süße zu verleihen, wenn wir es verstünden, alle sinnlichen und irdischen Eindrücke, die uns unaufhörlich abzulenken und in unserm Frieden zu stören suchen, von uns fernzuhalten. Aber den meisten Menschen, von ihren Leidenschaften unablässig umhergetrieben, wie sie sind, ist dieser Zustand wenig vertraut, und da sie ihn nur in seltenen Augenblicken unvollkommen gekostet haben, besitzen sie von ihm eine allzu trübe und verworrene Vorstellung, als daß sie seinen Zauber zu empfinden vermöchten. Wie die Dinge in der Welt heute stehen, wäre es auch nicht einmal von gutem, wenn die Menschen, nach diesen süßen Ekstasen begierig, den Geschmack am tätigen Leben verlören, das ihnen durch ihre sich stets erneuernden Bedürfnisse als Pflicht auferlegt wird. Einen Unglücklichen jedoch, den man aus der menschlichen Gesellschaft ausgestoßen hat und der hier nichts Nützliches und für sich und die andern Wertvolles mehr zu vollbringen fähig ist, vermag dieser Zustand, den weder das Schicksal noch die Menschen ihm rauben können, für alle irdischen Glückseligkeiten schadlos zu halten.

Wohl läßt sich eine solche Entschädigung nicht von allen Seelen noch in allen Situationen erleben. Es ist dazu erforderlich, daß das Herz zur Ruhe gekommen sei und daß sein Friede von keinerlei Leidenschaft gestört werde. Auch ist eine Bereitschaft der Seele notwendig, wie die Dinge der Umgebung gleicherweise zur Mitwirkung bereit sein müssen. Nötig ist weder vollkommene Ruhe noch zuviel Unruhe, aber eine gleichförmige und mäßige Bewegung, frei von Erschütterungen und Unterbrechungen. Ohne jede Bewegung ist das Leben ein schlafähnlicher Zustand. Wenn aber die Bewegung ungleich oder zu heftig ist, weckt sie auf; indem sie uns zu den uns umgebenden Dingen zurückruft, zerstört sie den Zauber der Träumerei und reißt uns aus uns selbst heraus; im gleichen Augenblick schon werden wir von neuem unter das Joch des Schicksals und der Menschen gezwungen und dem Gefühl unseres Unglücks zurückgegeben. Völlige Stille erzeugt Traurigkeit; sie ist ein Bild des Todes. Da muß eine heitere Einbildungskraft Hilfe bringen, wie sie sich auf natürliche Weise einstellt, wenn sie einem der Himmel verliehen hat. Die Bewegung, die nicht von außen kommt, spielt sich dann in unserm Innern ab. Wohl kommt dabei unsere Ruhe zu kurz, gleichzeitig aber ist sie angenehmer, da leichte und sanfte Vorstellungen, ohne den Grund der Seele aufzuwühlen, sozusagen bloß ihre Oberfläche streifen. Nur soviel Bewegung ist vonnöten, daß wir an unser eigenes Sein erinnert werden und gleichzeitig unsere Leiden vergessen. Dieser Art von Träumerei kann man sich an jedem Ort überlassen, wo man ungestört ist, und oft habe ich gedacht, daß ich in der Bastille oder selbst im finstersten Kerker, in dem ich nicht den kleinsten Gegenstand vor Augen gehabt hätte, noch angenehm hätte träumen können.

Aber ich muß gestehen, daß dies auf einer fruchtbaren und einsamen, von Natur aus begrenzten und von der übrigen Welt abgetrennten Insel viel leichter möglich war; denn da war ich nur von heiteren Bildern umgeben, nichts rief bedrückende Erinnerungen in mir wach; das Zusammenleben mit den wenigen Bewohnern, ohne interessant genug zu sein, um mich fortwährend zu fesseln, bot Gelegenheit zu wohltuender Geselligkeit, und endlich konnte ich mich den ganzen Tag, ohne Hemmung und Sorge, den mir zusagenden Beschäftigungen oder auch dem lässigsten Müßiggang hingeben. Für einen Träumer, der sich inmitten der mißliebigsten Dinge von angenehmen Phantasiebildern zu nähren versteht, war die Gelegenheit, sich daran Genüge zu tun, zweifellos günstig, indem er auch alles mit einbezog, was auf seine Sinne unmittelbar einwirkte. Wenn ich, aus einer langen, süßen Träumerei erwachend, mich von Gras und Gebüschen, Blumen und Vögeln umgeben sah und meine Blicke auf den romantischen Ufern ruhen ließ, die eine weite, kristallklare Wasserfläche einschlossen, verschmolzen diese lieblichen Dinge mit den Erfindungen meiner eigenen Phantasie, und während ich ganz allmählich wieder zu mir selbst und in meine Umgebung zurückfand, vermochte ich doch den Punkt nicht zu erkennen, der Dichtung und Wirklichkeit voneinander trennte, so sehr trug alles gleichmäßig dazu bei, mir das versunkene und einsame Leben, das ich an diesem schönen Ort führte, liebenswert zu machen. Daß es mir doch wieder geschenkt würde! Daß ich doch meine Tage auf der geliebten Insel enden könnte, ohne sie je wieder zu verlassen oder je noch einem einzigen Bewohner des Festlandes zu begegnen, der die Erinnerung an all die Drangsal in mir wachriefe, die man seit so vielen Jahren über mich verhängt hat. Ich würde diese Menschen bald für immer vergessen; zweifellos würde ich bei ihnen nicht gleicherweise in Vergessenheit geraten, aber was könnten sie mir anhaben, wenn sie nur keinen Zugang auf die Insel hätten, um hier meine Ruhe zu stören? Von allen irdischen Leidenschaften befreit, die sich aus dem Getümmel des gesellschaftlichen Lebens ergeben, würde meine Seele schon jetzt zuweilen über unsere Sphäre emporsteigen und mit den himmlischen Geistern, zu denen sie bald zu zählen hofft, Verbindung pflegen. Ich weiß, daß die Menschen sich hüten werden, mir einen so wohltuenden Zufluchtsort zurückzugeben, an dem sie mich nicht verbleiben ließen. Aber sie sollen mich wenigstens nicht hindern, jeden Tag von meiner Phantasie getragen dorthin zurückzukehren und ein paar Stunden lang den gleichen Genuß zu kosten, wie wenn ich dort noch weilte. Das Süßeste, was ich auf jener Insel tun könnte, wäre, meinen Träumen nach Herzenslust nachzuhängen. Indem ich träume, daß ich dort sei, tue ich denn nicht das gleiche? Ich tue sogar mehr: den Reiz einer abstrakten und einförmigen Träumerei vermische ich mit den zauberhaften, belebenden Bildern, die meinen Sinnen in den damaligen Entzückungen oft entgingen, während sie mir meine Phantasie, je tiefer ich in sie versinke, jetzt um so lebhafter vor Augen führt. Oft nehmen mich diese Bilder stärker und angenehmer gefangen, als während ich mich in Wirklichkeit dort befand. Das einzig Betrübliche ist, daß mir dieser Zustand, in dem Maß als meine Einbildungskraft ermattet, weniger leicht und nur noch für kürzere Zeit erreichbar ist. Ach! Eben dann, wenn man sich anschickt, diese irdische Hülle abzustreifen, wird sie einem zum größten Ärgernis!

KURT TUCHOLSKY

Die fünfte Jahreszeit

Die schönste Zeit im Jahr, im Leben, im Jahr? Lassen Sie mich nachfühlen.

Frühling? Dieser lange, etwas bleichsüchtige Lümmel, mit einem Papierblütenkranz auf dem Kopf, da stakt er über die begrünten Hügel, einen gelben Stecken hat er in der Hand, präraffaelitisch und wie aus der Fürsorge entlaufen; alles ist hellblau und laut, die Spatzen fiepen und sielen sich in blauen Lachen, die Knospen knospen mit einem kleinen Knall, grüne Blättchen stecken fürwitzig ihre Köpfchen ... ä, pfui Deibel! ... die Erde sieht aus wie unrasiert, der Regen regnet jeglichen Tag und tut sich noch was darauf zugute: ich bin so nötig für das Wachstum, regnet er. Der Frühling – ?

Sommer? Wie eine trächtige Kuh liegt das Land, die Felder haben zu tun, die Engerlinge auch, die Stare auch; die Vogelscheuchen scheuchen, daß die ältesten Vögel nicht aus dem Lachen herauskommen, die Ochsen schwitzen, die Dampfpflüge machen Muh, eine ungeheure Tätigkeit hat rings sich aufgetan; nachts, wenn die Nebel steigen, wirtschaftet es noch im Bauch der Erde, das ganze Land dampft vor Arbeit, es wächst, begattet sich, jungt, Säfte steigen auf und ab, die Stuten brüten, Kühe sitzen auf ihren Eiern, die Enten bringen lebendige Junge zur Welt: kleine piepsende

Wollballen, der Hahn – der Hahn, das Aas, ist so recht das Symbol des Sommers! er preist seinen Tritt an, das göttliche Elixier, er ist das Zeichen der Fruchtbarkeit, hast du das gesehn? und macht demgemäß einen mordsmäßigen Krach … der Sommer –?

Herbst? Mürrisch zieht sich die Haut der Erde zusammen, dünne Schleier legt sich die Fröstelnde über, Regenschauer fegt über die Felder und peitscht die entfleischten Baumstümpfe, die ihre hölzernen Schwurfinger zum Offenbarungseid in die Luft strecken: Hier ist nichts mehr zu holen … So sieht es auch aus … Nichts zu holen … und der Wind verklagt die Erde, und klagend heult er um die Ecken, in enge Nasengänge wühlt er sich ein, Huuh macht er in den Stirnhöhlen, denn der Wind bekommt Prozente von den Nasendoktoren … hochauf spritzt brauner Straßenmodder … die Sonne ist zur Kur in Abazzia … der Herbst –?

Und Winter? Es wird eine Art Schnee geliefert, der sich, wenn er die Erde nur von weitem sieht, sofort in Schmutz auflöst; wenn es kalt ist, ist es nicht richtig kalt, sondern naßkalt, also naß … Tritt man auf Eis, macht das Eis Knack und bekommt rissige Sprünge, so eine Qualität ist das! Manchmal ist Glatteis, dann sitzt der liebe Gott, der gute, alte Mann, in den Wattewolken und freut sich, daß die Leute der Länge lang hinschlagen … also, wenn sie denn werden kindisch … kalt ist der Ostwind, kalt die Sonnenstrahlen, am kältesten die Zentralheizung – der Winter –?

»Kurz und knapp, Herr Hauser! Hier sind unsere vier Jahreszeiten. Bitte: Welche –?«

Keine. Die fünfte.

»Es gibt keine fünfte.«

Es gibt eine fünfte. – Hör zu:

Wenn der Sommer vorbei ist und die Ernte in die Scheuern gebracht ist, wenn sich die Natur niederlegt, wie ein ganz altes Pferd, das sich im Stall hinlegt, so müde ist es – wenn der späte Nachsommer im Verklingen ist und der frühe Herbst noch nicht angefangen hat –: dann ist die fünfte Jahreszeit.

Nun ruht es. Die Natur hält den Atem an; an andern Tagen atmet sie unmerklich aus leise wogender Brust. Nun ist alles vorüber: geboren ist, gereift ist, gewachsen ist, gelaicht ist, geerntet ist – nun ist es vorüber. Nun sind da noch die Blätter und die Gräser und die Sträucher, aber im Augenblick dient das zu gar nichts; wenn überhaupt in der Natur ein Zweck verborgen ist: im Augenblick steht das Räderwerk still. Es ruht.

Mücken spielen im schwarz-goldenen Licht, im Licht sind wirklich schwarze Töne, tiefes Altgold liegt unter den Buchen, Pflaumenblau auf den Höhen … kein Blatt bewegt sich, es ist ganz still. Blank sind die Farben, der See liegt wie gemalt, es ist ganz still. Boot, das flußab gleitet, Aufgespartes wird dahingegeben – es ruht.

So vier, so acht Tage –

Und dann geht etwas vor.

Eines Morgens riechst du den Herbst. Es ist noch nicht kalt; es ist nicht windig; es hat sich eigentlich gar nichts geändert – und doch alles. Es geht wie ein Knack durch die Luft – es ist etwas geschehen; so lange hat sich der Kubus noch gehalten, er hat geschwankt …, na … na …, und nun ist er auf die andere Seite gefallen. Noch ist alles wie gestern: die Blätter, die Bäume, die Sträucher … aber nun ist alles anders. Das Licht ist hell, Spinnenfäden schwimmen durch die Luft, alles hat sich einen Ruck gegeben, dahin der Zauber, der Bann ist gebrochen – nun geht es in einen klaren Herbst. Wie viele hast du? Dies ist einer davon. Das Wunder hat vielleicht vier Tage gedauert oder fünf, und du hast gewünscht, es solle nie, nie aufhören. Es ist die Zeit, in der ältere Herren sehr sentimental werden – es ist nicht der Johannistrieb, es ist etwas andres. Es ist: optimistische Todesahnung, eine fröhliche Erkenntnis des Endes. Spätsommer, Frühherbst und das, was zwischen ihnen beiden liegt. Eine ganze kurze Spanne Zeit im Jahre.

Es ist die fünfte und schönste Jahreszeit.

Gehen. Weiter gehen

Zu gehen verschafft ein Gefühl von Freiheit. Es ist das Gegenteil von »schneller, höher, weiter«. Alles bewegt sich langsamer, wenn ich gehe, die Welt scheint sanfter zu werden, und eine kurze Weile lebe ich nicht durch die alltäglichen Verrichtungen, wie daheim aufzuräumen, an Sitzungen teilzunehmen oder Manuskripte zu lesen. Zu gehen ist ein Freiraum. Die Meinungen, die Erwartungen und die Launen der Familie, der Kollegen und Bekannten werden für einige Minuten oder einige Stunden unwichtig. Ich spüre, dass ich das Zentrum meines eigenen Lebens bin, und kann mich gleich darauf selbst vollkommen vergessen.

Jeder glaubt zu wissen, dass Zeit gespart wird, wenn man von einem Ort zum anderen statt acht nur zwei Stunden unterwegs ist. Ja, mathematisch ist das sicher korrekt, aber meine Erfahrung ist eine andere: Die Zeit vergeht rascher, wenn ich das Tempo erhöhe. Die Geschwindigkeit, mit der ich unterwegs bin, passt sich an die Zeit an. Eine Stunde, die man gehend verbringt, vergeht schneller als eine Stunde auf der Uhr. Wenn ich mich unnötig beeile, kommt selten etwas Sinnvolles dabei heraus.

Wenn man mit dem Auto auf einen Berg zufährt und sieht, wie kleine Bäche, Hügel, Steine, Mose und Bäume an einem vorbeisausen, wird das Leben kürzer. Man spürt den Wind, die Gerüche, das Wetter und die Veränderungen des Lichts nicht. Die Füße werden nicht wund. Alles geht ineinander über.

Nicht nur die Zeit wird eingeschränkt, sobald die Geschwindigkeit erhöht wird, auch das Gefühl für den Raum. Plötzlich ist man am Fuße des Berges. Das Erlebnis der Entfernung verschwindet. Am Ziel meint man möglicherweise, viel erlebt zu haben. Ich bezweifle es.

Wenn man dieselbe Strecke *geht* und einen Tag anstelle einer halben Stunde unterwegs ist, wenn man ruhiger atmet, lauscht, den Boden unter den Füßen spürt, wird es ein ganz anderer Tag. Stück für Stück wächst der Berg, und man hat das Gefühl, als würde die Umgebung größer. Mit all den Dingen um sich herum vertraut zu werden braucht Zeit. Als würde man eine Freundschaft aufbauen. Der Berg dort vorn, der sich langsam verändert, je näher du ihm kommst, wird zu einem guten Freund, noch bevor du ihn erreichst. Deine Augen, Ohren, Nase, Schultern, Bauch und Beine sprechen zu dem Berg, und der Berg antwortet. Die Zeit dehnt sich aus, du zählst sie nicht mehr in Minuten und Stunden.

Und genau hier liegt das große Geheimnis, das alle, die gehen, miteinander teilen: Das Leben dauert länger, wenn man geht. Gehen verlängert jeden Augenblick.

*

Das Bedürfnis nach Komfort führt nicht nur dazu, dass wir unangenehmen Erlebnissen aus dem Weg gehen, sondern auch, dass wir viele schöne Erlebnisse verpassen.

*

In einem Zeitraum von sechs Jahren unternahm ich lange Touren. Zum Nordpol, zum Südpol, auf den Gipfel des Mount Everest. Sogar Bergsteiger gehen. Erst zum Berg, dann zwischen steilen Felswänden. Ich war fünfundzwanzig Jahre alt, als ich anfing, und einunddreißig, als ich das Gefühl hatte, wieder kürzere Entfernungen gehen zu müssen. In diesen Jahren lernte ich, mich über kleine Dinge zu freuen.

Zu gehen handelt von einfachen Freuden. Je länger eine Tour dauert, desto wichtiger ist es, leichtes Gepäck zu haben. Selbst wenn ich sonntags wandere, nehme ich nur das Notwendigste mit. Vielleicht eine Thermosflasche, etwas Verpflegung und einen zusätzlichen Pullover. Es hat viele Jahre gedauert, bis ich verstanden habe, dass ein kleines Stück Schokolade besser schmeckt als eine ganze Tafel.

Ich habe immer ein gutes Gefühl, ein Gefühl der Freiheit, wenn ich alles, was ich zum Leben brauche, in den Stunden, Tagen oder Monaten, die eine Tour dauert, auf dem Rücken habe. Dann kann ich essen und schlafen, wo und wann ich will. Am nächsten Tag gibt es keine Meetings um acht Uhr, und ich muss nichts zum Abendessen einkaufen. Das Einzige, was ich mit der Zeit vermisse, ist Körperkontakt. Umarmt zu werden oder mit jemandem zu schlafen.

Viele Gewohnheiten bleiben zurück, wenn man auf längere Touren geht. Es macht Freude, darüber nachzudenken, was man eigentlich braucht. Man muss unterscheiden zwischen Dingen, die man haben *muss*, und Dingen, die man gern *hätte*, weil es angenehm wäre. Meinem Eindruck nach unterschätzen die meisten Menschen, wie lange sie mit einem Schlafsack, einer zusätzlichen warmen Jacke, einem kleinen Kessel, einem Spirituskocher, Streichhölzern und genügend Lebensmitteln zurechtkommen können. Wenn du sagst, es sei unmöglich, damit klarzukommen, und ich sage, es ist möglich, haben wir vermutlich beide recht.

Zu den größten Freuden meines vierundfünfzigjährigen Lebens gehört es, mich wieder aufzuwärmen, nachdem ich ordentlich gefroren habe. In der Østmarka und auf den langen Touren. »Der Abstand zwischen Himmel und Hölle ist kurz hier oben«, sagte Børge im Winter 1990, als wir zusammen auf Skiern zum Nordpol gingen. Zu spüren, wie die Kälte schließlich nachlässt, gehört zu den schönsten Empfindungen. Ich habe viel guten Champagner getrunken, vor einem Kamin in einem behaglichen Wohnzimmer, aber im Grunde wird so etwas überschätzt, nichts schmeckt besser als ein glühend heißer Grog, wenn man auf dem Eis steht und friert.

Nicht zu wissen, was auf einen zukommen kann, wenn man geht, erzeugt Unsicherheit. Ich glaube, das ist gesund. Die Gedanken konzentrieren sich, du bist für niemand erreichbar. Für eine Weile vergisst du den Rest der Welt. Vergangenheit und Zukunft spielen kaum eine Rolle, solange man einen Fuß vor den anderen setzt.

Als Børge und ich achtundfünfzig Tage nach Norden gingen, hatten wir keinerlei zusätzliche Ausrüstung dabei, lediglich tausendzweihundertdreiundfünfzig Gramm Werkzeug. Alles, was unterwegs kaputtging, wurde repariert. Die Sohle meines Skistiefels ging entzwei. Ein Backenzahn brach ab. Ein Paar Wollfäustlinge bekam Löcher, aber ich habe sie Abend für Abend sorgfältig gestopft, bevor ich mich schlafen legte. Obwohl die Finger von der Kälte und der trockenen Luft rissig waren, fühlte es sich gut an, die Wollfäden hineinzustecken und wieder herauszuziehen, bis die Löcher gestopft waren. Nicht nur, weil ich so wusste, dass ich am nächsten Tag Wollfäustlinge anziehen konnte, sondern auch, weil eine gewisse Befriedigung darin liegt, die eigenen Dinge reparieren zu können.

Wir aßen jeden Tag dasselbe. Wenn man sämtliche Lebensmittel, die man in den nächsten zwei Monaten zu sich nehmen will, tragen muss, achtet man darauf, dass pro Gramm so viele Kalorien wie möglich enthalten sind: Hafer, Fett, Schokolade, Rosinen, getrocknetes Fleisch und Muttermilchersatz. Muttermilchersatz liefert besonders viel Energie. Anfangs schmeckte es nicht, doch mit jedem Tag, der verging und uns am Abend erschöpfter zurückließ, schmeckte das Essen besser. Kurz bevor wir unser Ziel erreichten, schmeckte es himmlisch. Am Ende waren wir so hungrig, dass wir das Essen mit so viel Wasser wie möglich vermischten, wir dachten, wenn wir länger mit unserer Mahlzeit beschäftigt wären, würde sich vielleicht auch ein Gefühl von Sättigung einstellen.

Um zu verhindern, dass einer von uns eine größere Portion als der andere bekam, hatte einer die Aufgabe, das

Essen aufzuteilen, und der andere konnte dann wählen. »Je quälender der Hunger wird, desto mehr wird es zur Wissenschaft, die Portionen aufzuteilen und die richtige zu wählen«, beschrieb ich es hinterher.

Wir waren schon nahe am Nordpol, als mir während einer kurzen Pause eine Rosine in den Schnee fiel. Mit großen Fäustlingen an beiden Händen war es schwierig, die Rosinen aus der Tüte zu holen und in den Mund zu stecken. Aber noch schwieriger war es, die Rosine aus dem Schnee zu picken. Ich war so hungrig und wollte diese Rosine unbedingt haben, dass ich mich hinlegte, den Kopf vorbeugte, die Zunge herausstreckte und die Rosine aufleckte. Das Glücksgefühl, als ich die Rosine im Mund hatte, sie herumrollen ließ und schließlich langsam kaute, erinnerte mich an etwas, das ich damals bereits wusste: Es geht darum, sich über die kleinen Bissen zu freuen. Wenig schmeckt gut, noch weniger besser.

Wieder daheim, zurück in der Zivilisation, kehrt man überraschend schnell zurück in den Alltagstrott. Sich zu freuen wird schwieriger, oft sind die Anlässe weniger intensiv und selbstverständlicher. Große Ereignisse – satt werden, warm werden, schlafen, anderen Menschen begegnen – werden im Laufe von ein paar Tagen vollkommen normal. Man kann nicht genug davon bekommen. Ich versuche mit unterschiedlichem Erfolg, mich auch weiterhin über kleine Dinge zu freuen; es zu schätzen, wieder in meinem Wohnzimmer zu sitzen und am Leben zu Hause teilzunehmen. Ich versuche mich über das zu freuen, was ich auf der Tour vermisst habe. Aber eine Rosine zu genießen scheint sinnlos, wenn in einer Küchenschublade eine ganze Tüte davon liegt und der Kühlschrank voller guter Dinge ist.

Das geheime Wunder

> Und Gott ließ ihn hundert Jahre lang sterben;
> dann hauchte er ihm Leben ein und sprach zu ihm:
> »Wie lange bist du hier gewesen?«
> »Einen Tag oder den Bruchteil eines Tags«,
> antwortete er.
>
> *Koran, ii, 261*

Jaromir Hladik, Autor der unvollendeten Tragödie *Die Feinde,* einer *Ehrenrettung der Ewigkeit* und einer Untersuchung der indirekten jüdischen Quellen bei Jakob Böhme, träumte in der Nacht des 14. März 1939 in einer Wohnung in der Zeltnergasse in Prag von einer großen Schachpartie. Sie wurde nicht von zwei Personen, sondern von zwei berühmten Familien gespielt; die Partie hatte schon vor vielen Jahrhunderten begonnen; niemand kannte mehr den Einsatz, um den gespielt wurde, aber man munkelte, er sei ungeheuer, ja vielleicht unendlich groß; die Figuren und das Schachbrett standen in einem geheimen Turm; Jaromir war (im Traum) der Erstgeborene einer der verfeindeten Familien; auf den Uhrtürmen schlug die Stunde der unaufschiebbaren Partie; der Träumer lief durch die Sanddünen einer regnerischen Einöde und wußte sich weder der Figuren noch der Regeln des Schachspiels zu erinnern. An diesem Punkt wachte er auf. Das donnernde

Geräusch des Regens und der furchtbaren Uhren hörte auf. Ein rhythmischer, einmütiger Lärm, von Kommandostimmen unterbrochen, drang von der Zeltnergasse herauf. Es war früher Morgen; die gepanzerte Vorhut des Dritten Reichs rückte in Prag ein.

Am neunzehnten ging bei den Behörden eine Denunziation ein; am gleichen neunzehnten gegen Abend wurde Jaromir Hladik verhaftet. Man schaffte ihn in eine aseptische und weiße Kaserne am anderen Ufer der Moldau. Er konnte keine einzige Anschuldigung der Gestapo widerlegen: der Familienname seiner Mutter war Jaroslawski, er war jüdischen Blutes, seine Untersuchung über Böhme war judaisierend, seine Unterschrift verlängerte eine Liste von Proteststimmen gegen den Anschluß. 1928 hatte er das *Sepher Yezira* für den Verlag Herman Barsdorf übersetzt; der überschwengliche Prospekt dieses Hauses hatte aus Geschäftsgründen den Namen des Übersetzers in den Himmel gehoben; diesen Prospekt hatte Julius Rothe, einer der Gestapoführer, in dessen Händen Hladiks Schicksal lag, durchgeblättert. Es gibt keinen Menschen, der nicht außerhalb seines Spezialgebiets leichtgläubig ist; zwei oder drei Adjektive in gotischen Lettern genügten, um Julius Rothe von Hladiks Bedeutung zu überzeugen, und er befahl, ihn zum Tode zu verurteilen, *pour encourager les autres.* Die Hinrichtung wurde auf den neunundzwanzigsten März, neun Uhr morgens, festgesetzt. Dieser Aufschub (dessen Bedeutung der Leser später würdigen wird) war dem behördlichen Wunsch zu verdanken, ganz unpersönlich und ohne Übereilung vorzugehen, wie die Pflanzen und die Planeten.

Hladiks erste Empfindung war schieres Entsetzen. Er meinte, daß der Galgen, die Enthauptung oder die Garrotte ihn nicht so in Schrecken versetzt haben würden, daß aber der Tod durch Erschießen unerträglich sei. Vergeblich sagte er sich immer wieder, daß die schlichte und allgemeine Tatsache des Sterbens das Furchterregende sei, nicht die konkreten Umstände. Unaufhörlich stellte er sich diese Umstände vor: unsinnigerweise suchte er alle Varianten zu erschöpfen. Unzählige Male nahm er den ganzen Hergang vorweg, vom schlaflosen Morgengrauen bis zu der geheimnisvollen Salve. Vor dem von Julius Rothe festgesetzten Tag war er schon Hunderte von Toden gestorben, in Höfen, deren Winkel die Geometrie überforderten, niedergestreckt von veränderlichen Soldaten in wechselnder Anzahl, die ihn manchmal aus der Ferne auslöschten, andere Male ganz aus der Nähe. Er bot diesen eingebildeten Hinrichtungen mit wirklicher Angst die Stirn (vielleicht mit wirklichem Mut); jedes Trugbild dauerte wenige Sekunden; hatte der Kreis sich geschlossen, so kehrte Jaromir endlos zu den bebenden Vorabenden seines Todes zurück. Dann überlegte er, daß die Wirklichkeit nicht mit dem Vorausgesehenen übereinzustimmen pflegt; mit perverser Logik folgerte er daraus, daß einen Nebenumstand vorhersehen soviel heißt wie verhindern, daß er eintrifft. Getreu dieser schwächlichen Magie erfand er, damit sie nicht geschähen, gräßliche Einzelheiten; selbstverständlich fürchtete er zum Schluß, diese Einzelheiten seien prophetisch. In diesen Elendsnächten suchte er auf irgendeine Weise in der flüchtigen Substanz der Zeit Halt zu finden. Er wußte, daß diese auf die Morgendämmerung des neunundzwanzigsten zustürzte; laut mit sich selber sprechend überlegte er: »Jetzt lebe ich in der Nacht des Zweiundzwanzigsten; solange diese Nacht dauert (und noch weitere sechs Nächte), bin ich unverwundbar, unsterblich.« Er stellte sich seine Traumnächte als tiefe dunkle Brunnenschächte vor, in die er sich versenken konnte. Manchmal ersehnte er mit Ungeduld die endgültige Salve, die ihn wohl oder übel von seiner vergeblichen Einbildungsmühe erlösen würde. Am achtundzwanzigsten, als der letzte Sonnenuntergang von den hohen Eisengittern widerstrahlte, lenkte ihn der Gedanke an sein Drama *Die Feinde* von diesen erbärmlichen Erwägungen ab.

Hladik hatte die Vierzig überschritten. Abgesehen von einigen Freundschaften und vielen Gewohnheiten machte die problematische literarische Betätigung sein Leben aus; wie alle Schriftsteller maß er die Fähigkeiten der anderen an dem, was sie geleistet hatten, und erwartete, daß die anderen ihn nach dem beurteilten, was er erträumte oder plante. Alle Bücher, die er in Druck gegeben hatte, flößten ihm ein komplexes Reuegefühl ein. Bei seinen Untersuchungen der Werke Böhmes, Ibn Esras, Fludds war vorwiegend der bloße Fleiß maßgebend gewesen, bei seiner Übersetzung des *Sepher Yezira* die Nachlässigkeit, die Mühsal und die bloße Mutmaßung. Für weniger mangelhaft hielt er möglicherweise seine *Ehrenrettung der Ewigkeit;* der erste Band schilderte die verschiedenen Ewigkeiten, die die Menschen ersonnen haben, vom unbeweglichen Sein des Parmenides bis zur veränderlichen Vergangenheit Hintons; der zweite leugnet (mit Francis Bradley), daß alle Vorfälle des Universums eine zeitliche Reihenfolge bilden. Er argumentiert, daß die Zahl der möglichen Erfahrungen des Menschen nicht unendlich ist, und daß eine einzige ›Wiederholung‹ genügt, um zu beweisen, daß die Zeit ein Trug ist … Unglücklicherweise sind die Argumente, mit denen dieser Trug bewiesen wird, nicht minder trügerisch. Hladik pflegte sie mit einer Art geringschätziger Betroffenheit durchzugehen. Auch hatte er eine Reihe expressionistischer Gedichte verfaßt; diese erschienen, zur Verwirrung des Dichters, in einer Anthologie von 1924, und es gab keine spätere Anthologie, die sie nicht erbte. Von dieser ganzen zweideutigen und kümmerlichen Vergangenheit wollte Hladik sich mit dem Versdrama *Die Feinde* loskaufen. (Hladik pries den Vers, weil er verhindert, daß die Zuschauer die Irrealität, die Voraussetzung der Kunst ist, vergessen.)

Dieses Drama wahrte die Einheit der Zeit, des Orts und der Handlung; es spielte in Hradcany, in der Bibliothek des Barons von Roemerstadt, an einem der letzten Abende des 19. Jahrhunderts. In der ersten Szene des ersten Aktes besucht ein Unbekannter Roemerstadt. (Eine Uhr schlägt sieben, das Feuer der scheidenden Sonne läßt die hohen Glasfenster aufglühen, der Wind trägt die deutlich erkennbaren Klänge einer leidenschaftlichen ungarischen Musik heran.) Diesem Besuch folgen andere; Roemerstadt kennt die Personen, die ihn behelligen, nicht, hat aber das unbehagliche Gefühl, sie schon einmal gesehen zu haben, vielleicht in einem Traum. Alle sagen ihm übertriebene Schmeicheleien, aber es ist klar, zuerst dem Zuschauer, dann ihm selbst, daß sie geheime Feinde sind, die sich verschworen haben, ihn zu verderben. Roemerstadt gelingt es, ihre verzwickten Intrigen zu durchkreuzen oder zu vereiteln; im Gespräch wird auf seine Verlobte, Julia von Weidenau, angespielt, sowie auf einen gewissen Jaroslav Kubin, der sie früher einmal mit seiner Liebe belästigt hat. Inzwischen ist dieser Kubin wahnsinnig geworden und hält sich für Roemerstadt ... Die Gefahren mehren sich; am Ende des zweiten Akts sieht sich Roemerstadt gezwungen, einen Verschwörer zu töten. Der dritte Akt, der letzte, beginnt. Allmählich häufen sich die Widersinnigkeiten: Schauspieler, die aus der Handlung bereits ausgeschieden zu sein schienen, treten wieder auf; für einen Augenblick kehrt der von Roemerstadt Getötete zurück. Jemand macht darauf aufmerksam, daß es nicht Abend geworden ist; die Uhr schlägt sieben, in den hohen Glasfenstern spiegelt sich von Westen her die Sonne; der Wind trägt eine leidenschaftliche ungarische Musik heran. Es tritt der erste Gesprächspartner auf und wiederholt die Worte, die er in der ersten Szene des ersten Aktes gesprochen hat. Roemerstadt spricht mit ihm ohne Erstaunen; der Zuschauer begreift, daß Roemerstadt der elende Jaroslav Kubin ist. Das Drama hat sich nicht ereignet: es ist die kreisende Wahnvorstellung, die Kubin unaufhörlich und immer von neuem lebt.

Nie hatte Hladik sich gefragt, ob diese Tragikomödie der Irrungen banal oder bewundernswert, folgerichtig oder zufällig sei. In dem Handlungsschema, das ich skizziert habe, erkannte er ahnungsweise die Erfindung, die am geeignetsten war, seine Mängel zu verbergen und seine glücklichsten Seiten spielen zu lassen, die Gelegenheit, (auf symbolische Art) das Grundgefühl seines Lebens einzulösen. Er hatte den ersten Akt schon beendet, auch ein paar Szenen des dritten; der metrische Charakter des Werks erlaubte ihm, es ständig zu überprüfen, die Hexameter zu verbessern, ohne das Manuskript vor Augen zu haben. Er dachte daran, daß noch zwei Akte fehlten, und daß er sehr bald sterben würde. Im Dunkeln redete er mit Gott. »Wenn ich auf irgendeine Weise existiere, wenn ich nicht eine Deiner Wiederholungen und Fehler bin, so existiere ich als Autor von *Die Feinde*. Um dieses Drama zu vollenden, das mich und Dich rechtfertigen kann, brauche ich noch ein Jahr. Gewähre mir diese Tage, Du, dessen die Jahrhunderte sind und die Zeit.« Es war Nacht, die gräßlichste, aber zehn Minuten später spülte der Schlaf ihn hinweg wie ein dunkles Wasser.

Gegen Morgen träumte ihm, er hätte sich in der Bibliothek des Clementinum verborgen. Ein Bibliothekar mit schwarzer Brille fragte ihn: »Was suchen Sie?« Hladik antwortete: »Ich suche Gott.« Der Bibliothekar antwortete: »Gott ist in einem der Buchstaben auf einer der Seiten eines der vierhunderttausend Bände des Clementinum. Meine Eltern und die Eltern meiner Eltern haben diesen Buchstaben gesucht. Ich habe mich blind danach gesucht.« Er nahm die Brille ab, und Hladik sah die Augen, die tot waren. Ein Leser kam herein, um einen Atlas zurückzugeben. »Dieser Atlas taugt nichts«, sagte er und reichte ihn Hladik. Der öffnete ihn aufs Geratewohl. Er sah eine Landkarte von Indien; ihm schwindelte. Mit plötzlicher Gewißheit berührte er einen der winzig kleinen Buchstaben. Eine allgegenwärtige Stimme sprach zu ihm: »Die Zeit für deine Arbeit ist dir gewährt.« Hier erwachte Hladik.

Er erinnerte sich daran, daß die Träume der Menschen Gott angehören und daß Maimonides geschrieben hat, die

Worte eines Traums seien göttlicher Art, wenn sie klar und deutlich vernehmbar sind und man nicht den sehen kann, der sie spricht. Er kleidete sich an; zwei Soldaten betraten die Zelle und befahlen ihm, ihnen zu folgen.

Jenseits der Tür hatte Hladik sich ein Labyrinth von Galerien, Treppen und Nebengebäuden vorgestellt. Die Wirklichkeit war nicht so reich; sie stiegen über eine einzige Eisentreppe in einen Hinterhof hinab. Mehrere Soldaten – einer in aufgeknöpftem Uniformrock – untersuchten ein Motorrad und diskutierten darüber. Der Feldwebel sah auf die Uhr: es war acht Uhr vierundvierzig. Es hieß warten, bis es neun schlug. Hladik setzte sich, mehr unbedeutend als unglücklich, auf einen Holzstoß. Er bemerkte, daß die Augen der Soldaten seinen auswichen. Um ihm das Warten zu erleichtern, streckte der Feldwebel ihm eine Zigarette hin. Hladik rauchte nicht; aus Höflichkeit oder Demut nahm er sie. Als er sie anzündete, merkte er, daß seine Hände zitterten. Der Tag bewölkte sich; die Soldaten sprachen gedämpft, als sei er schon tot. Vergeblich versuchte er, sich an die Frau zu erinnern, deren Symbol Julia von Weidenau war ...

Das Kommando formierte sich, richtete sich aus. Hladik erwartete aufrecht vor der Kasernenwand die Salve. Jemand äußerte Besorgnis, die Wand könne Blutspritzer abbekommen; da befahl man dem Delinquenten, ein paar Schritte vorzutreten. Absurderweise mußte Hladik an die langwierigen Vorbereitungen beim Fotografen denken. Ein schwerer Regentropfen streifte Hladiks Schläfe und rollte langsam die Wange herab. Der Feldwebel schrie den letzten Befehl.

Das physische Universum blieb stehen.

Die Gewehre waren auf Hladik gerichtet, aber die Männer, die ihn töten sollten, waren unbeweglich. Der Arm des Feldwebels verewigte eine unabgeschlossene Gebärde. Auf eine Fliese des Hofs warf eine Biene einen festen Schatten. Wie auf einem Bild hatte der Wind zu wehen aufgehört. Hladik versuchte einen Schrei, eine Silbe, eine Handbewegung. Er begriff, daß er paralysiert war. Kein noch so schwacher Laut erreichte ihn mehr aus der gelähmten Welt. Er dachte: »Ich bin in der Hölle, ich bin tot.« Er dachte: »Ich bin wahnsinnig.« Er dachte: »Die Zeit ist stehengeblieben.« Dann überlegte er, daß in diesem Fall ja auch sein Denken mit stehengeblieben wäre. Er wollte die Probe machen: ohne die Lippen zu bewegen, sagte er sich die geheimnisvolle vierte Ekloge von Vergil vor. Er meinte, die schon ferngerückten Soldaten müßten sein Angstgefühl teilen; es drängte ihn, sich mit ihnen ins Benehmen zu setzen. Es erstaunte ihn, daß er keinerlei Ermüdung empfand, nicht einmal ein Schwindelgefühl durch das lange unbewegliche Stehen. Nach einer unbestimmten Zeit schlief er ein. Als er aufwachte, war die Welt noch immer unbeweglich und stumm. Auf seiner Wange dauerte der Wassertropfen, im Hof der Schatten der Biene; der Rauch der Zigarette, die er fortgeworfen hatte, kam nicht dazu sich zu verflüchtigen. Es verging ein weiterer »Tag«, bevor Hladik begriff.

Ein volles Jahr hatte er von Gott erbeten, um sein Werk zu beenden: ein Jahr gewährte ihm seine Allmacht. Gott vollbrachte für ihn ein geheimes Wunder: das Blei der Deutschen würde ihn zur bestimmten Stunde töten, aber in seinem Geist würde ein Jahr vergehen zwischen dem

Befehl zum Feuern und der Ausführung des Befehls. Von der Bestürzung ging er zu fassungslosem Staunen, von dem Staunen zu Ergebung, von der Ergebung zu plötzlicher Dankbarkeit über.

Er verfügte über kein Dokumentenmaterial als sein Gedächtnis. Das Abwägen jeden Hexameters, den er hinzufügte, nötigte ihn zu einer vorteilhaften Strenge, von der jene nichts ahnen, die vorläufige und verwaschene Sätze aufs Geratewohl hinsudeln und vergessen. Er arbeitete nicht für die Nachwelt, nicht einmal für Gott, über dessen literarische Vorlieben er wenig wußte. Peinlich genau, unbeweglich, geheim spann er in der Zeit sein hohes unsichtbares Labyrinth. Zweimal überarbeitete er den dritten Akt. Er tilgte das eine oder andere allzu deutliche Symbol: die wiederkehrenden Glockenschläge, die Musik. Kein Einzelumstand machte ihm zu schaffen. Er ließ fort, kürzte, erweiterte; in einem Fall kam er auf die erste Fassung zurück. Er gewann schließlich den Hof, die Kaserne lieb; eines der Gesichter ihm gegenüber änderte seine Auffassung vom Charakter Roemerstadts. Er entdeckte, daß die grellen Mißklänge, die Flaubert so erschreckten, bloßer Augenaberglaube sind: Schwächen und Beschwerden des geschriebenen, nicht des klingenden Wortes … Er beendete sein Drama; nur die Frage eines einzigen Beiworts galt es noch zu lösen. Er fand es; der Wassertropfen rollte über seine Wange herab. Er stieß einen verrückten Schrei aus, wandte sein Gesicht, die vierfache Salve warf ihn nieder.

Jaromir Hladik starb am neunundzwanzigsten März, um neun Uhr zwei Minuten.

LAURA DE WECK

Concentrain your brain

Es klingelt an der Tür.

NACHBAR Hallo, ist Frank da?

FRAU Ja, aber er ist nicht zu sprechen.

NACHBAR Was macht er denn? Es ist dringend.

FRAU Frank konzentriert sich.

NACHBAR Auf was?

FRAU Auf seine Konzentration.

NACHBAR Seine Konzentration?

FRAU Genau, und er wird nicht aussteigen.

NACHBAR Aus seiner Konzentration?

FRAU Ganz genau.

NACHBAR Ich brauch aber sein Werkzeug … Er hat doch
längst gehört, dass ich hier bin.

FRAU Das muss er aushalten.

NACHBAR Das muss eher ich aushalten. Es ist dringend.

FRAU Seine Konzentration ist auch dringend.

NACHBAR Dein Handy klingelt.

FRAU Das muss ich aushalten.

NACHBAR Was musst du aushalten?

FRAU Dass mein Telefon klingelt, während ich mich auf
dich konzentriere.

NACHBAR Auf mich? Hä, seid ihr alle wahnsinnig?

FRAU Frank und ich entwickeln gerade ein neues Geschäftsmodell. Er sagt, die Welt ist so schnell geworden,
wir werden täglich bombardiert mit privaten und globa-
len Nachrichten, die uns diffus machen. Ständig klingelt
es an der Tür. Wir brauchen wieder mehr Konzentration.

NACHBAR So ein Geschäftsmodell gibt es längst, das heisst
Meditation.

FRAU Genau, und weisst du, wie viel die verdienen mit
ihrer Meditation? Die digitale Industrie gibt Millio-
nen aus, um den Stress zu bekämpfen, den sie hervor-
gebracht hat. In Palo Alto steht neben dem Facebook-
Gebäude ein Zen-Zentrum, und es gehört schon zu dem
Lebenslauf jedes Google-Mitarbeiters, einen Achtsam-
keit-Workshop besucht zu haben. Die CEOs der wichtigsten IT-Firmen aus dem Silicon Valley lassen regelmässig
einen Mönch einfliegen, um mit ihm zu meditieren. Was
früher nur Aussteiger gemacht haben, machen jetzt die
Karrieristen. Das ist ein Riesengeschäft.

NACHBAR Das mag ja sein, aber jetzt muss ich dringend …

FRAU Konzentration ist die neue Währung, sagt Frank.
Weisst du, wie viele Arbeitsstunden der Wirtschaft ver-
lorengehen, nur weil die Leute es nicht mehr schaffen, sich
zu konzentrieren? Alle haben ständig ihr Mailprogramm,
ihr Facebook offen und das Handy dabei. Alle Viertelstunde surrt es irgendwo. Du musst nur die Zeit zusam-
menrechnen, in der die Leute ihre Arbeit abbrechen, um
ihre Nachrichten zu checken, und die Zeit, um sich wieder
der Arbeit zu widmen. Das ist ein enormer Arbeitsausfall.

NACHBAR Ja, aber in Notfällen …

FRAU Die Menschen müssen wieder lernen, sich auf eine

einzige Sache zu konzentrieren, selbst wenn der Nachbar klingelt.

NACHBAR Na ja, wenn der Nachbar eine dringende Information …

FRAU Es gibt zwar ein Riesenangebot an Mindfulness, Zen, digital Detox, Yoga und Meditation, aber Frank und ich haben Konzentrationsübungen entwickelt, die besser, schneller und effizienter funktionieren. Wir kreieren die Königsdisziplin für die Topleute.

NACHBAR Hör mir bitte zu, da oben ist …

FRAU Wir haben eine Methode entwickelt, Menschen dahin zu trainieren, dass sie immun werden gegen Klingeltöne, Maileingänge und Türklingeln. Wir trainieren den natürlichen Reflex ab, Nachrichten nachzukommen, damit wir wieder selbstbestimmt entscheiden können, was wichtig ist.

NACHBAR Oh Gott, hörst du das …

FRAU Deshalb nennen wir unser Geschäftsmodell: Concentrain your brain. Findst du gut?

NACHBAR Kannst du dich jetzt bitte, bitte mal auf mich konzentrieren!

FRAU Stell dir doch mal vor: All die Doktorarbeiten, Businesspläne, Geschäftsstrategien wären auf einmal viel ausgefeilter, hätten mehr Qualität, weil sich die Leute wieder über Wochen nur auf eine Sache konzentrieren könnten. Über Wochen!

NACHBAR Achtung!

FRAU Das ist die Ausbildung für die Elite von morgen! Das schafft nicht mal die Meditation! Und wir werden reich!

NACHBAR Hilfe, Rohrbruch! Die Decke stürzt ein!

Herz auf Eis

Sie sind früh aufgebrochen. Es verspricht einer der erhabenen Tage zu werden, die zuweilen in den wilden Breiten herrschen, der Himmel tiefblau, wie flüssig, so klar wie nur hier, am fünfzigsten Breitengrad Süd. Das Wasser ist spiegelglatt, *Jason,* ihr Schiff, scheint schwerelos auf einem dunklen Teppich zu schweben. Kein Wind regt sich, sodass die Albatrosse um den Schiffsrumpf paddeln.

Sie haben das Beiboot weit auf den Sandstrand gezogen und sind an der alten Walfangstation entlanggegangen. Die verrosteten, von der Sonne in goldenes Licht getauchten Dächer wirken beinahe fröhlich im Farbenspiel von Ocker, Gelb und Rot. Die Tiere haben die aufgegebene Station zurückerobert, dieselben Tiere, die so lange hier gejagt wurden, totgeschlagen, aufgeschlitzt, gekocht in den riesigen Kesseln, die nun verfallen. Hinter jedem Ziegelhaufen, in den eingestürzten Hütten, zwischen lauter Rohren, die nirgendwo mehr hinführen, aalen sich stoische Pinguine, Robbenfamilien und See-Elefanten. Sie sind eine ganze Weile stehen geblieben, um die Tiere zu beobachten, und es ist schon spät am Vormittag, als sie das Tal hinaufsteigen.

Gute drei Stunden, hatte Hervé ihnen gesagt, einer der wenigen Menschen, die jemals hier waren. Sobald man sich auf der Insel von der Küstenebene entfernt, ist kein Grün mehr zu sehen. Alles wird steinig, Felsen, Klippen, mit Gletschern bedeckte Bergspitzen. Sie gehen zügig voran, albern herum, wenn sie einen bunten Stein sehen oder einen klaren Bach, wie Kinder beim Herumstreunen. Als sie die erste Erhebung erklimmen, machen sie noch eine Pause, bevor sie das Meer aus dem Blick verlieren. Es ist so elementar, so schön, im Grunde unbeschreiblich. Die von schwärzlichen Hängen eingefasste Bucht, das Wasser, das unter der aufkommenden leichten Brise silbern glitzert, der orange Fleck der alten Station und ihr Schiff, ihr treues Schiff, das zu schlafen scheint, die Flügel angelegt wie die Albatrosse am Morgen. Draußen auf dem Meer schimmern die reglosen weißblauen Kolosse im Licht. Nichts ist friedlicher als ein Eisberg bei ruhigem Wetter. Riesige Kratzer ziehen sich über den Himmel, schattenlose Wolken in großer Höhe, die die Sonne golden säumt. Fasziniert verharren sie, kosten den Anblick lange aus. Etwas zu lange wohl. Louise bemerkt, dass es sich im Westen zuzieht, und ihr Bergsteigersinn schaltet auf Alarmbereitschaft.

»Vielleicht sollten wir lieber zurückgehen, es ziehen Wolken auf.«

Es soll unbeschwert klingen, doch in ihrem Tonfall schwingt Beunruhigung mit.

»Auf keinen Fall! Du mit deiner Ängstlichkeit. Wenn es sich bedeckt, ist uns immerhin nicht so warm.«

Ludovic versucht, nicht ungeduldig zu klingen, aber sie geht ihm auf die Nerven mit ihren ständigen Sorgen. Hätte er auf sie gehört, wären sie jetzt gar nicht hier, majestätisch, vollkommen allein am Ende der Welt. Sie hätten das Schiff nicht gekauft und diese grandiose Reise gar nicht angetreten. Tatsächlich, der Himmel verdüstert sich in der Ferne, aber schlimmstenfalls werden sie eben nass. Das gehört zum Abenteuer dazu, genau das ist doch ihre Absicht, aus der Erstarrung des Pariser Büroalltags auszubrechen, in dessen bequemer Trägheit sie draufzugehen und an ihrem Leben vorbeizuleben drohten. Irgendwann hätte der sechzigste Geburtstag vor der Tür gestanden, und sie hätten es bereut, nichts erlebt, nie gekämpft, sich selbst nie kennengelernt zu haben. Er zwingt sich zu einem versöhnlichen Ton.

»Wir kriegen nicht noch mal die Chance, den ausgetrockneten See zu sehen. Hervé meint, so ein Eislabyrinth, das einfach auf dem Erdboden steht, gibt es sonst nirgendwo. Denk doch mal an die unglaublichen Fotos, die er gezeigt hat. Außerdem schleppe ich die Eispickel und Steigeisen nicht umsonst mit. Es wird bestimmt toll, vor allem für dich.«

Er weiß, wie er sie kriegen kann, die Bergsteigerin. Für sie hat er das Ziel doch ausgesucht: eine Insel tief im Süden, aber bergig, eine Ansammlung von Gipfeln, einer unberührter als der andere, mitten im Atlantik, noch über den fünfzigsten Breitengrad hinaus.

Es ist schon vierzehn Uhr, und der Himmel wird nun deutlich dunkler, als sie den letzten Bergkamm erreichen. Hervé hat nicht gelogen, es ist fantastisch. Ein Krater von mehr als einem Kilometer Länge, ein perfektes Oval. Er ist gänzlich trocken, und auf den Hängen zeichnen sich konzentrische Kreise ab, Spuren des versiegenden Wassers, die einen Mond formen, wie auf einem riesigen Fingernagel. Der See hat sich über ein seltsames Ablaufsystem unter einer Felsbarriere entleert. In dem alten Becken sind nur die riesigen Eisblöcke zurückgeblieben, einige zehn, zwanzig Meter hoch und größer, die von Zeiten zeugen, als sie eins waren mit dem Gletscher weiter unten. Seit wann mögen sie schon so daliegen, eingekesselt wie eine vergessene Armee? Unter dem inzwischen grauen Himmel verströmen die mit altem Staub bedeckten monolithischen Blöcke etwas Schwermütiges. Louise mahnt noch einmal umzukehren.

»Jetzt wissen wir ja, wo es ist, und können wiederkommen. Ist doch nicht nötig, dass wir nass werden ...«

Aber Ludovic rennt schon juchzend den Abhang hinunter. Eine Weile streifen sie zwischen dem gestrandeten Eis umher. Von Nahem wirkt es unheimlich. Das eigentlich strahlende Weiß und Blau ist mit Erde verschmiert. Schmelzwasser trübt die Oberfläche und lässt das Eis wie von Insekten zerfressenes Pergament erscheinen. Dennoch sind sie gebannt von dieser düsteren Schönheit. Ihre Hände gleiten über die ausgehöhlten Mulden, streicheln verträumt die kalten Wände. Das, was da vor ihren Augen schmilzt, hat schon lange existiert, bevor es sie gab, lange bevor der *Homo sapiens* kam und die Ordnung auf der Erde durcheinanderbrachte. Sie flüstern wie in einer Kirche, als könnten ihre Stimmen ein fragiles Gleichgewicht zerstören. Der einsetzende Regen reißt sie von dem Anblick los.

»Auf jeden Fall ist das Eis ziemlich marode. Keine Ahnung, warum Hervé da raufgestiegen ist. Wir sollten uns lieber beeilen. Bei dem Wind wird's nicht leicht mit dem Beiboot und dem kleinen Außenborder.«

Jetzt nörgelt Louise nicht mehr, sie hat ganz einfach die Führung übernommen. Ludovic kennt diesen entschiedenen Ton an ihr. Und er weiß, dass sie oft einen guten Riecher hat, die Lage richtig einschätzt. Also gut, zurück.

Sie klettern den Krater wieder hoch und eilen den Abhang hinunter. Ihre Jacken flattern peitschend im Wind, und sie rutschen auf den feuchten Steinen. Das Wetter ist innerhalb kürzester Zeit umgeschlagen. Als sie den letzten Pass erreichen, stellen sie schweigend fest, dass sich die Bucht vollkommen verändert hat und nicht mehr so friedlich anmutet wie auf dem Hinweg. Eine böse Fee hat sie in eine schwarze aufgewühlte Fläche verwandelt, auf der messerscharfe Wogen wüten. Louise rennt, Ludovic stolpert fluchend hinterher. Außer Atem erreichen sie den Strand. Die Wellen brechen sich in alle Richtungen. Das Schiff schlägt am Ende seiner Ankerkette hart gegen das Wasser.

»Na gut, dann werden wir eben nass, als Belohnung gibt es heiße Schokolade!«, kündigt Ludovic vollmundig an. »Geh du nach vorn und rudere gegen die Wellen an, ich schiebe! Wenn wir die Brandung hinter uns haben, schmeiß ich den Motor an.«

Sie schleppen das Beiboot über den Strand und warten auf ein kurzes Abflauen. Das eisige Wasser klatscht ihnen an die Knie.

»Jetzt! Schnell! Na los … rudere doch, mein Gott!«

Ludovic schlittert über den feuchten Sand, Louise müht sich vorne mit dem Riemen ab. Eine erste Welle braust nieder und füllt das kleine Boot mit Wasser, die nächste trifft es quer, hebt es wie ein Spielzeug hoch und lässt es kentern. Sie landen in der sprudelnd weißen Gischt, die sie gegeneinanderschleudert.

»Mist!«

Ludovic bekommt mit einer Hand die Leine des Beibootes zu fassen, das die Brandung bereits mit sich zieht. Louise reibt sich die Schulter.

»Ich hab den Motor in den Rücken gekriegt. Das tut weh!«

Triefend sinken sie sich in die Arme, fassungslos angesichts der plötzlichen Naturgewalt.

»Wir ziehen das Boot da drüben hin. Am Ende der Bucht ist die Brandung nicht so stark.«

Tapfer hieven sie das Boot an eine Stelle, die geeigneter erscheint. Doch dort angekommen, stellen sie fest, dass es kaum besser ist. Zwei Mal wiederholen sie das Manöver, zwei Mal werden sie von wirbelnder Gischt zurückgeworfen.

»Hör auf! Das schaffen wir nie, und es tut so weh.«

Louise hat sich auf den Boden fallen lassen. Sie hält sich den Arm und verzieht das Gesicht, in das der Regen peitscht, sodass die Tränen nicht zu sehen sind. Ludovic tritt wütend in den Sand, der fontänenartig aufspritzt. Er ist frustriert und zornig. Verdammte Insel! Verdammter Wind, verdammtes Meer! Eine halbe Stunde früher, höchstens eine, und sie würden sich jetzt vor dem Ofen wärmen und darüber lachen, was sie erlebt haben. Er ärgert sich über sein Unvermögen und das Schuldgefühl, das sich schmerzlich einschleicht.

»Okay, wir schaffen's nicht. Lass uns in der Station Schutz suchen und warten, bis das Ganze vorbei ist. Der Wind hat schnell aufgefrischt, bestimmt nimmt er auch schnell wieder ab.«

Mühsam bringen sie das Beiboot hoch auf den Strand,

machen es an einem Pfahl fest, der aus der Zeit gefallen scheint, und steuern auf die Trümmer aus Blech und Brettern zu.

Sechzig Jahre hat der Wind sein Werk an der alten Walfangstation verrichtet. Einige Gebäude sind von innen so zerstört, als wäre etwas explodiert. Auffliegende Steine haben die Fensterscheiben eingeschlagen, der Wind hat sich verfangen und gewütet. Andere Bauten neigen sich gefährlich und warten auf den Gnadenstoß. Neben einem großen, schiefen Fachwerkbau, der zum Zerlegen der Wale diente, entdecken Louise und Ludovic eine kleine Hütte. Doch im Inneren schlägt ihnen ein fürchterlicher Gestank entgegen. Vier See-Elefanten liegen dort zusammengedrängt, und angesichts der Störung stoßen sie geräuschvoll auf.

Missmutig gehen sie weiter durch die Ruinen zu einem zweistöckigen Haus, das besser erhalten scheint. Eine Gruppe Pinguine kreuzt völlig unbeeindruckt ihren Weg, und Ludovic ist versucht, sie zu verjagen, ihnen ihre Gleichgültigkeit heimzuzahlen. Drinnen ist es trostlos, düster und feucht. Der alte Fliesenboden, die Blechtische und verrosteten Töpfe deuten darauf hin, dass sich hier einst die Großküche befand. Und tatsächlich, der angrenzende Raum erinnert an einen Speisesaal. Schlotternd lässt Louise sich auf eine Bank fallen. Sie hat Schmerzen, vor allem aber hat sie Angst. Mit dem Wüten der Berge kennt sie sich aus, sie weiß, was dann zu tun ist, schlimmstenfalls muss man sich mit dem Biwaksack im Schnee eingraben und einfach abwarten. Hier hingegen fühlt sie sich verloren. Ludovic steigt die Betontreppe hoch. Oben findet er zwei große Schlafsäle, halbhohe Trennwände formen Kabinen, darin jeweils eine abgenutzte Matratze, ein kleiner Tisch und ein Schrank mit offenen Türen. Verblichene Fotos, ein derber Schuh, zerfetzte Kleidung, die an Nägeln hängt – Zeugen eines überstürzten Aufbruchs, den die Menschen offensichtlich kaum erwarten konnten, glücklich, dieser Hölle wieder zu entkommen. Ganz hinten führt eine Tür, halb aus den Angeln gerissen, in einen kleinen Raum, der holzvertäfelt und besser ausgestattet ist: zweifellos das Zimmer eines Vorarbeiters.

»Komm hoch, hier ist es besser. Wir warten im Warmen.«

»Im Warmen« – das sind große Worte. Sie lassen sich auf das knarrende Bett fallen. Der Regen peitscht gegen die losen Scheiben, dringt durch die Ritzen und bildet eine Lache in der fauligen Ecke des Fensterbretts. Das fahle Licht enthüllt die Spuren der Feuchtigkeit auf den einst weißen Wänden. Der einzige Stuhl ist kaputt, und Ludovic huscht zu seiner eigenen Verwunderung die Frage nach dem Warum durch den Sinn. Nur ein alter Sekretär, ähnlich einem Lehrerpult vor hundert Jahren, scheint noch heil zu sein.

»Das ist jetzt unsere Berghütte! Los, zeig mal deine Schulter. Und wir müssen uns abtrocknen.«

Er bemüht sich, ruhig zu klingen, den Eindruck zu erwecken, es sei alles nur ein kleiner Zwischenfall, aber seine Hände zittern ein wenig. Er hilft ihr, sich auszuziehen, um die triefnassen Kleider zu trocknen. Nackt wirkt ihr schlanker, muskulöser Körper ganz zerbrechlich. Sie wollte sich nie sonnen, als sie in den warmen Meeren unterwegs waren. Nur Arme, Gesicht und Waden sind sonnengebräunt und lassen die übrige Haut umso blasser erscheinen. Aus dem schwarzen Pony sickern Tropfen über die grünen Augen mit den braunen Sprenkeln. Diese Augen, die es ihm vor fünf Jahren als Erstes angetan haben. Eine Welle von Zärtlichkeit ergreift ihn. Er rubbelt sie mit seinem Pullover ab, so schnell er kann, damit sie wieder warm wird, und wringt ihre durchnässten Sachen aus. Auf der linken Schulter klafft eine Wunde, zweifelsohne vom Propeller, und ein großer Fleck zeichnet sich ab, der schon ganz blau wird. Zitternd lässt sie alles geschehen wie eine Puppe. Auch sich selbst rubbelt er ab, aber die nassen Kleider kleben kalt an seiner Haut. Im Sommer sind es hier selbst bei schönem Wetter kaum mehr als fünfzehn Grad. Jetzt dürften es etwa zehn Grad sein.

»Haben wir ein Feuerzeug dabei?«

»Im Rucksack.«

Selbstverständlich, als Bergsteigerin geht sie nirgends hin ohne ihr kostbares Feuerzeug. Er findet noch zwei Rettungsdecken und wickelt sie rasch darin ein.

In der Küche stöbert er ein großes Backblech aus Aluminium auf und reißt Bretter aus den klapprigen Regalen. Er schafft alles nach oben, schneidet das Holz mit seinem Messer in Stücke und macht damit ein kleines Feuer. Trotz der offenen Tür ist der Raum schnell voller Rauch, aber immerhin wird es ein wenig warm.

Er zwingt sich, noch einmal hinauszugehen, um die Lage zu sondieren. Der Wind hat weiter aufgefrischt, und die Böen lassen das Meer schäumen. Ein ordentlicher Sturm. Kein Weltuntergang, aber unmöglich, zum Schiff zu gelangen. Zwischen den Regenwänden erkennt er es und sieht, wie es sich tapfer auf den Wellen hält. Die Wolkendecke hängt so niedrig, dass die Steilküste oben schon im Grau verschwindet, und es wird langsam dunkel.

»Ich glaube, wir müssen über Nacht hierbleiben«, ruft er beim Hinaufkommen. »Gibt's noch was zu essen?«

Louise hat sich ein wenig erholt. Sie hält das Feuer in Gang, die Wärme tut gut, auch wenn die alten Bretter beim Verbrennen fürchterlich nach Teer stinken. Sie hängen ihre Jacken nahe an den Flammen auf, rücken dicht zusammen, während sie an ihren Müsliriegeln knabbern.

Keiner kommentiert die Situation. Sie bewegen sich, das wissen beide, auf vermintem Gebiet, wo sie leicht in Streit geraten können: sie, die Vorsichtige, er, der Impulsive. Sie werden später alles klären, wenn dieses unerfreuliche Kapitel hinter ihnen liegt. Dann werden sie die ganze Geschichte noch einmal aufrollen. Sie wird ihm beweisen, dass sie zu unbedacht waren, er wird erwidern, es sei unvorhersehbar gewesen, sie werden herumstreiten und sich schließlich wieder versöhnen. Das ist fast ein Ritual geworden, ein Sicherheitsventil für ihre Unterschiedlichkeit. Keiner von beiden wird sich geschlagen geben, aber sie werden, in der festen Überzeugung, selbst im Recht zu sein, einen Waffenstillstand schließen. Doch im Augenblick müssen sie zusammenhalten und abwarten. Mit roten Augen sitzen sie am Feuer und werden langsam wieder trocken, während das Getöse immer stärker wird. Im unteren Stockwerk dröhnt der Wind durch die verlassenen Zimmer, Modulationen eines Basso continuo mit Alterationen, die mit jedem Windstoß durchdringender werden. Mitunter entstehen Momente der Ruhe, und sie spüren, wie ihre Muskeln sich im Gleichklang entspannen. Dann setzt das Getöse erneut ein und erscheint ihnen noch heftiger als vorher. Hin und wieder scheppern Bleche wie Pauken. Stumm verharren sie, versunken in diese düstere Symphonie. Die Müdigkeit vom Wandern überkommt sie, dazu die innere Erschöpfung, die noch schwerer wiegt. Schließlich treibt Ludovic eine Decke auf, sie riecht nach altem Staub, aber sie kuscheln sich zusammen auf dem kleinen Bett und schlafen sofort ein.

Nachts wacht Ludovic auf. Die Geräusche haben sich verändert. Wahrscheinlich hat der Wind gedreht, kommt jetzt vom Land her, so vermutet er. Er ist noch stärker als zuvor. Weit über ihnen ist das Grollen zu hören, das in einem Trommelwirbel ins Tal herunterstürzt und dann auf ihr Haus trifft, das unter diesen Schlägen hin und her zu schwanken scheint. Er hält das Drehen des Windes für ein gutes Zeichen, das Ende des Sturmes kündigt sich an. In der Dunkelheit und warmen Feuchtigkeit ihrer verschlungenen Körper spürt er einen Augenblick tiefe innere Ruhe. Sie sind hier, sie beide, ohne irgendein anderes menschliches Wesen im Umkreis von Tausenden Kilometern, ganz allein, mitten in diesem Sturm. Aber sie sind in Sicherheit und bieten dem Wind die Stirn. Er nimmt jede Partie seines Körpers wahr, als wäre sie eigenständig, saugt die ungewöhnliche Situation ganz in sich auf: die Kuhle unter seinem Rücken in der durchgelegenen Matratze, die gleichmäßigen Atemzüge von Louise an seiner Brust, den von irgendwoher kommenden Hauch, der sein Gesicht streift. Am liebsten würde er sie wecken und sie lieben. Aber er erinnert sich an ihre wunde Schulter und lässt sie lieber schlafen. Morgen früh vielleicht …

Kurz vor Sonnenaufgang hört der Lärm ganz plötzlich

auf. Im Dämmerzustand nehmen beide es wahr, dann schlafen sie noch einmal ein, völlig entspannt jetzt.

Ein Sonnenstrahl kitzelt Louise aus der Erstarrung. Bis der Wind nachließ, hatte sie Albträume. Die Fensterscheiben ihrer Wohnung in Paris wurden eingedrückt von einer Riesenwelle, und sie selbst trieb auf einem Floß durch die Straßen voll braunem Wasser, inmitten von Hilferufen und Armen, die verzweifelt aus den Fenstern winkten.

»Ludovic, schläfst du noch? Ich glaube, es hat aufgehört!«

Sie recken ihre steifen Glieder. Beim Aufstehen verzerrt sie das Gesicht und betastet ausgiebig ihre Schulter.

»Scheint nicht gebrochen zu sein, aber erst mal musst du das Schiff wohl allein bedienen!«

»Okay, Prinzessin. Na los, das war nicht gerade ein Luxushotel, aber in einer Viertelstunde wird das Frühstück an Bord serviert. Wenn Madame sich die Mühe machen möchte.«

Sie lächeln sich an, sammeln ihre Sachen zusammen und verlassen das Zimmer, in dem noch der kalte Rauch hängt.

Draußen strahlt die Sonne genauso schön wie am Vortag.

»Was für eine miese Insel, oder?«

Auf der Türschwelle durchzuckt sie exakt dieselbe Empfindung. Eine gewaltige Faust fährt ihnen in den Bauch, ein bitterer Geschmack steigt ihnen die Kehle hoch wie ein Brennen, ein unkontrolliertes Zittern überfällt sie. Die Bucht ist leer.

»… das Schiff … kann nicht sein … nicht mehr da …«

Sie stammeln, murmeln etwas, kneifen die Augen zusammen, als wollten sie das Bild noch einmal korrigieren, das sich ihnen da bietet. Es ist alles nur ein böser Traum. Man muss den Film der Nacht bloß zurückspulen und die Dinge wieder in ihren normalen Lauf bringen. Sie hätten aus der Tür kommen, *Jason* wie zuvor beruhigend reglos daliegen sehen und scherzend zum Strand hinuntergehen sollen. Doch die Realität verharrt in ihrer Grausamkeit. Das Boot ist verschwunden. Lange bleiben sie so stehen, suchen die Bucht mit den Augen ab, halten Ausschau nach einem Wrack oder zumindest einem Stück vom Mast, das über eine Klippe ragt. Nichts. Oder vielmehr das ganz normale Leben, Möwen wühlen mit hektischen Schnabelstößen am Strand, dazu rauscht die Brandung. Alles wie immer. *Jason*, ihr Schiff, ihr Haus, der Inbegriff ihrer Freiheit, ist einfach ausgelöscht, wegradiert wie ein Fehler. Das ist unmöglich, das kann nicht sein. Fassungslos stehen sie da, außerstande, auch nur ein Wort zu wechseln. Allmählich breitet sich in ihnen das Entsetzen aus: kein Zuhause mehr, weder Nahrung noch Kleider, keine Möglichkeit, die Insel zu verlassen oder irgendjemand zu erreichen. Sie sind geradezu empört, empfinden ihre Lage als unangemessen. Ludovic hat sich noch nie auch nur eine Sekunde lang mit dem Gedanken beschäftigt, ihm könne irgendwann das Wichtigste zum Leben fehlen, Nahrung oder ein Dach über dem Kopf. Wenn er im Fernsehen das Elend in Afrika oder Asien sah, kämpfte er immer gegen ein seltsames Schuldgefühl an und redete sich ein, die Menschen dort hätten nicht dieselben Bedürfnisse und seien daran gewöhnt, mit wenig auszukommen. Manchmal schickte er einen Scheck an Unicef, aber letztlich ging es ihn nichts an.

Louise hingegen schlief beim Wandern in den Bergen oftmals draußen, immer halb wach, vom Regen durchnässt. Manchmal planten sie sogar so schlecht, dass sie drei Tage lang zu viert mit der Ration auskommen mussten, die für einen kalkuliert war. Sie hatte selbst erfahren, wie angreifbar der Mensch in der Natur ist, weit weg von aller Sicherheit und Zuflucht. Aber das waren immer Ausnahmen, nie stand das Leben auf dem Spiel. Abgesehen von Augenringen und Magenkrämpfen stiegen sie schließlich unbeschadet wieder ins Tal hinab und genossen mit dem wohligen Schauer des hinter ihnen liegenden Abenteuers eine Dusche oder ein Steak. Am Ende blieben nur schöne Erinnerungen übrig, die sie sich untereinander immer wieder lachend ins Gedächtnis riefen, aber diese Situationen hatten Louise doch ein wenig auf das Unvorhersehbare vorbereitet. Instinktiv oder antrainiert konnte sie unterscheiden zwischen dem, was wesentlich war und was überflüssig, zwischen Gefahr und Herausforderung. Um eine gute Bergsteigerin zu werden, hatte sie gelernt, ein Ziel an den Umständen auszurichten, daran festzuhalten oder aufzugeben, je nach der Verfassung der Gruppe, dem Wetter und den natürlichen Gegebenheiten. So ist sie jetzt auch eher in der Lage, sich selbst und Ludovic aus ihrer Apathie zu reißen.

»Vielleicht ist das Beiboot noch da. Lass uns nachsehen. Die *Jason* lag auf halber Strecke zwischen dem Kap und den Felsen gegenüber. Vielleicht ist sie ja dort gesunken.«

»Aber dann würde der Mast doch rausgucken.«

Ludovic kämpft auf seine Weise gegen das Offensichtliche. Normalerweise optimistisch und zu allem bereit, fühlt er sich jetzt völlig leer. Alles ist zwecklos.

»Vielleicht ist er gebrochen. Das Wasser ist nur sieben, acht Meter tief, wir könnten irgendwas wiederfinden, Essen oder Werkzeug. Und in der Tasche mit der Notausrüstung ist das Satellitentelefon. Wir müssen es zumindest versuchen. Los, mach schon!«

»Nein, ich bin mir sicher, dass der Anker nicht gefasst hat. Ich hab es heute Nacht gehört. Der Wind hat auf Nordwest gedreht. Zwischen den Bergen hat er noch Fahrt aufgenommen. Das waren Fallböen, wie in den Handbüchern beschrieben.«

»Ich pfeif auf die Bücher«, schreit sie mit Tränen in den Augen. »Was willst du denn machen? Zurück in unser tolles Hotel von heute Nacht?«

Sie läuft wie eine Furie zum Strand, er folgt ihr. Ihnen schwirren dieselben Gedanken durch den Kopf. Die Insel ist unbewohnt. Sie ist ein Naturschutzgebiet, das sie normalerweise gar nicht hätten anlaufen dürfen. Aber sie waren sich einig gewesen, dass sie sich dieses kleine Vergehen gönnen wollten.

»Hier kommt sowieso niemand vorbei. Ein Ausflug in die unberührte Natur. Ein kleiner Zwischenstopp, es bekommt ohnehin keiner mit …«

Nein, keiner bekommt es mit. Ihre Angehörigen an Land vermuten sie auf dem Weg nach Südafrika. Hier wird man sie auf keinen Fall suchen. Man wird glauben, sie seien auf hoher See verschwunden. Ludovic sieht seine Eltern vor sich in ihrem Haus in Antony, das Telefon ständig in Reichweite. Wenn sie ihr Schiff nicht wiederfinden, ist die Insel ein Gefängnis mit Tausenden Kilometern Wasser als Wärter.

Das Beiboot ist noch da, bedeckt mit Sand und Algen von dem Sturm. Zumindest eine kleine Erleichterung.

Eine Stunde rudern sie rund um die Ankerstelle. Das klare Wasser kräuselt sich kaum im Wind. Es ist von so durchscheinendem Grün, dass man sogar die vereinzelten Steine auf dem Grund erkennen kann und ein paar dunkle Brocken, die versunkenen oder aus der Walfangstation stammenden Maschinenteilen ähneln. Ein Wrack wäre hier unübersehbar.

Entmutigt kehren sie zum Strand zurück.

»Wir haben nicht genug Kette gesteckt«, flucht Louise vor sich hin.

»Doch, genau wie immer, dreifache Wassertiefe.«

»Offenbar ist hier aber nichts wie immer!«

»Außerdem hatten wir einen Bügelanker, einen besseren gibt es nicht. Normalerweise hält der überall. Und teuer genug war er noch dazu.«

»Das hilft uns jetzt auch nicht weiter. Wir hätten die Kette doppelt so lang stecken sollen, dann säßen wir nicht hier. Und ich hab gestern noch gesagt, dass wir früher wieder zurückgehen sollen. Aber nein, der Herr wollte ja seinen Spaß haben, stur, wie er ist, alles wird gut, wir werden höchstens ein bisschen nass …«

Louises Stimme ist tonlos, blanke Wut spricht daraus. Nervös reibt sie sich die Schulter und starrt auf den Boden, Ludovic den Rücken zugewandt. Sie weiß, was sie dahinter sehen würde: diese große Kämpferstatur – machtlos und mit herabhängenden Armen, die blauen Augen – enttäuscht wie die eines Kindes, dessen Spielzeug kaputt ist, diesen Mann, der immer fröhlich und unbekümmert ist und den sie so sehr liebt. Sie würde weinen müssen, und dafür ist es nicht der rechte Augenblick.

Er will nicht antworten auf ihre Sticheleien. Seit sie am Vortag umgekehrt sind, quälen ihn Gewissensbisse und hinterlassen einen beißenden Geschmack im Mund. Aber ihre Bemerkungen gerade eben haben ihn verletzt. Nun ist es an ihm, eine Lösung zu finden, gewissermaßen als Entschuldigung. Und eine Lösung muss es geben.

»Wir könnten die Bucht mit dem Beiboot absuchen, vielleicht ist das Schiff ja an einem Felsen untergegangen.«

»Du träumst wohl. Und außerdem, was würden wir dann machen? Was denkst du denn, wie wir es wieder flottkriegen sollten?«

»Wir könnten zumindest tauchen, ein paar Dinge rausholen ...«

Ludovic beendet seinen Satz nicht. Louise weint geräuschlos. Er zieht sie an seine Schulter. Wie konnten sie nur in diese absurde Situation geraten? Es ist ungerecht, dass eine kleine Wanderung so hart bestraft wird, das kann doch nicht sein. Er ist vierunddreißig Jahre alt, und der Tod hat sein Leben bislang nur selten gestreift. Zwei Freunde hat er verloren, einen bei einem Motorradunfall, der andere war an Bauchspeicheldrüsenkrebs gestorben. Das hatte ihn erschüttert, aber letztlich hatte es ihn zu dieser Segelreise motiviert. Lass uns leben! Lass uns das Leben auskosten, bevor es uns erwischt! Jetzt hat es sie erwischt, auf dieser erhabenen Insel, an diesem milden Tag im Sommer der Südhalbkugel. Scheinheilig lässt die Sonne die Wassertropfen wie Myriaden von Diamanten funkeln. Im Hintergrund steigt leichter Dunst von der Ebene auf. Seelöwen und See-

Elefanten aalen sich und gähnen behaglich. Er schaut sich um und denkt, nichts – kein Vogelflug, keine Welle, kein Grashalm –, nichts wird sich ändern, sollten sie hier sterben. Der Wind wird ihre Fußabdrücke schnell verwehen.

GEORGE ORWELL

Auftauchen, um Luft zu holen

Die Primeln blühten. Ich glaube, es war im März. Ich war durch Westerham gefahren und hatte etwas für Pudley zu erledigen. Ich mußte den Laden eines Eisenwarenhändlers einschätzen, und dann sollte ich möglichst mit dem Besitzer eine Lebensversicherung besprechen, die noch in der Schwebe war. Der Ortsagent hatte seinen Namen genannt, aber dieser Kaufmann hatte es im letzten Moment mit der Angst zu tun bekommen und zweifelte, ob er es sich leisten könne. Ich kann die Leute ganz hübsch überreden. Das liegt nur daran, weil ich dick bin. Das bringt die Kunden in gute Stimmung, und dann bilden sie sich ein, einen Check zu unterzeichnen sei immer ein Vergnügen. Natürlich muß man jeden wieder anders anpacken. Bei einigen ist es besser, die Betonung auf die Prämien zu legen, andere kann man auf sanfte Art mit Andeutungen weichmachen: was zum Beispiel mit ihrer Frau geschehe, wenn sie unversichert stürben.

Der alte Wagen fuhr wie eine Berg- und Talbahn die kleinen Hügel hinauf und hinunter. Mein Gott, was für ein Tag! Einer von den Tagen, die es vor allem im März gibt, wenn der Winter plötzlich besiegt ist. Noch vor einigen Tagen hatten wir dieses schreckliche Wetter gehabt, das man hier »klar« nennt – wenn der Himmel ein kaltes hartes Blau trägt und der Wind wie eine Rasierklinge schneidet. Auf einmal wurde es windstill, und die Sonne kam heraus. Nun, das kennt ja jeder. Blaßgoldne Sonne, kein Blatt rührt sich, in der Ferne ein leichter Nebel, und auf den Abhängen hier und da ein paar Schafe wie Kreidetupfen. Und unten in den Tälern brennen Feuer, der Rauch steigt langsam auf und verliert sich im Nebel. Ich hatte die Straße ganz für mich allein. Es war so warm, daß man beinahe die Kleider hätte ausziehen können. Ich kam an eine Stelle, wo das Gras am Straßenrand von Primeln übersät war. Vielleicht ein Stück Lehmboden. Zwanzig Meter weiter bremste ich und hielt. Das Wetter war so schön, daß ich es genießen mußte! Ich wollte aussteigen, um ein wenig von der Frühlingsluft einzuatmen und vielleicht ein paar Primeln zu pflücken, wenn gerade niemand kam. Halb dachte ich sogar daran, einen ganzen Strauß zu binden und ihn Hilda nach Hause zu bringen.

Ich stellte den Motor ab und stieg aus. Ich lasse den Motor nicht gern leerlaufen, denn ich habe zu große Angst, die Kotflügel oder sonst etwas könnten durch das Geschüttel herunterfallen. Es ist nämlich ein 1927er Modell und hat schon eine beträchtliche Kilometerzahl hinter sich. Wenn man die Motorhaube abnimmt und hineinsieht, muß man an das alte österreichische Kaiserreich denken. Alles ist mit Draht zusammengeflickt, aber irgendwie geht's doch immer noch. Man sollte es nicht für möglich halten, daß ein Motor nach allen Seiten auf einmal vibrieren kann. Es ist wie mit der Erde, die sich durch zweiundzwanzig verschiedene Umstände bewegt. So etwas Ähnliches habe ich einmal gelesen. Betrachtet man sich den Wagen während des Leerlaufs von hinten, dann sieht er genau so aus wie ein Hawaii-Mädchen, das Hula-Hula tanzt.

Am Wegrand befand sich ein fünffach gesichertes Gatter. Ich kletterte hinüber und lehnte mich dagegen. Keine Menschenseele weit und breit. Ich schob den Hut ein wenig zurück, um das linde Streicheln der Luft an meiner Stirn zu spüren. Das Gras am Graben war voll von Primeln. Innerhalb der Einfriedung hatte ein Landstreicher die Reste eines Feuers zurückgelassen. Ein kleines Häufchen weißer Asche, aus dem noch ein Rauchfaden aufstieg. Etwas weiter weg lag ein winziger, mit Entengrütze bedeckter Teich. Auf dem Acker stand Winterweizen. Das Feld stieg steil an, dahinter ein Kalkfelsenabhang und dann ein kleines Buchengehölz. Die jungen Blätter an den Bäumen waren noch hauchzart. Vollkommene Stille überall. Nicht einmal so viel Wind, um die Asche an der Feuerstelle wegzublasen. Irgendwo sang eine Lerche, sonst kein Laut, nicht einmal ein Flugzeug.

Ich stand so eine Weile über das Gatter gebeugt – allein, ganz allein. Ich sah das Feld an, und das Feld sah mich an. Ich fühlte mich – ach, wie soll man das beschreiben!

Was ich fühlte, ist heutzutage derart ungewöhnlich, daß es fast unsinnig klingt. Ich war *glücklich*. Ich fühlte, daß ich gern in alle Ewigkeit leben würde. Meinetwegen kann man darauf antworten, das habe nur an diesem ersten Frühlingstag gelegen. Auswirkung der Jahreszeit auf die Sexualdrüsen oder so etwas. Seltsamerweise waren es nicht so sehr die Primeln oder die jungen Knospen in der Hecke, sondern die verglimmende Asche am Gatter, was mir das Leben lebenswert erscheinen ließ. Einfach der Anblick eines Holzfeuers an einem windstillen Tag. Die Scheiter, die alle zu weißer Asche verbrannt sind und doch ihre Form bewahren. Und aus der Asche schimmert ein lebhaftes Rot hindurch. Eigenartig, wie in rotglühender Asche so viel Leben steckt, daß es belebender auf einen wirkt als sonst etwas. Darin liegt so was wie – wie Intensität, Vibration – ich finde das richtige Wort nicht. Aber man spürt, daß man lebt. Die Asche ist *der* Fleck im Bild, der einen auf alles andere aufmerksam macht.

Ich bückte mich, um eine Primel zu pflücken. Es ging nicht – zu viel Bauch. Ich hockte mich auf die Fersen nieder und pflückte einen kleinen Strauß. Zum Glück war hier niemand, der mich sah. Die Blätter waren gezackt und spitz wie Kaninchenohren. Ich stand auf und legte meinen Primelstrauß auf den Pfosten des Gatters. Dann nahm ich plötzlich mein Gebiß aus dem Mund und betrachtete es.

In einem Spiegel hätte ich mich ganz betrachtet, obwohl ich ja eigentlich schon wußte, wie ich aussah. Ein dicker Fünfundvierziger in einem etwas abgetragenen grauen Fischgrätanzug und steifem Hut. Die Frau, die zwei Kinder und das Haus in der Vorstadt sah man mir von weitem an. Rotes Gesicht und hervorquellende blaue Augen. Das weiß ich genau, man braucht es mir nicht erst zu sagen. Als ich aber mein Gebiß betrachtete, ehe ich es wieder in den Mund schob, kam mir auf einmal die Erleuchtung: das alles ist unwichtig! Sogar falsche Zähne sind unwichtig. Ich bin dick – schön. Ich sehe aus wie der erfolglose Bruder eines Buchmachers – auch gut. Keine Frau wird mit mir ins Bett gehen wollen, es sei denn, sie würde dafür bezahlt. Ich mache mir nichts vor. Aber das ist mir gleichgültig. Frauen interessieren mich nicht, ich will auch nicht noch einmal jung sein. Ich möchte nur richtig leben. Und ich lebte in diesem Augenblick, als ich dort stand und auf die Primeln und die Glut bei der Hecke hinabblickte. Ein Gefühl, das ganz aus der Tiefe kommt, ein friedvolles Gefühl, und doch gleicht es einer Flamme.

Weiter drüben der Teich, der mit einem Teppich von Entengrütze bedeckt war. Wenn man nicht weiß, was Entengrütze ist, könnte man sie für fest halten und darauftreten. Ich überlegte mir, warum wir wohl alle so blöde Narren sind. Warum gehen die Menschen, anstatt mit idiotischem Kram ihre Zeit totzuschlagen, nicht spazieren und schauen sich um? Dieser Teich zum Beispiel – was da alles drin ist: Molche, Wasserschnecken, Wasserkäfer, Köcherfliegen, Blutegel und noch Gott weiß was, das man nur mit dem Mikroskop sehen kann. Man könnte sie ein ganzes Leben lang beobachten, zehn Leben lang, und doch würde man diesen Teich nie vollkommen kennenlernen. Und immer dieses Gefühl von Staunen, die sonderbare Flamme tief im Innern. Sie ist das einzige, das einen Wert hat, aber wir wollen sie nicht.

Aber ich will sie. Wenigstens glaubte ich das in diesem Augenblick. Man möge mich nicht mißverstehen. Erstens habe ich keine wehmütig-schwärmerischen Gefühle für »das Land« – wie die meisten Cockneys sie haben. Dafür bin ich zu nahe am Land aufgewachsen. Ich will gar nicht, daß die Leute nicht mehr in Städten wohnen oder in Vororten. Laßt sie doch wohnen, wo es ihnen gefällt. Und ich erwarte auch nicht, daß die Menschheit ihr Leben damit zubringt, herumzuwandern und Primeln zu pflükken. Ich weiß nur zu gut, daß wir arbeiten müssen. Nur weil die Männer ihre Lungen in Bergwerken heraushusten und die Mädchen auf Schreibmaschinen herumhämmern, kann überhaupt irgend jemand Zeit zum Blumenpflücken finden. Und wenn man nicht satt wäre und kein warmes Zimmer hätte, würde man übrigens gar keine Blumen pflükken *wollen*. Aber es handelt sich nicht um das. Sondern um das, was ich in mir fühle – zwar nicht oft, aber doch hin und wieder. Ich weiß, daß es ein gutes Gefühl ist. Und im Grund weiß es jeder, oder doch fast jeder. Es ist immer in unsrer Nähe, und wir wissen das auch. Hört auf mit der Maschinengewehrschießerei! Hört auf zu verfolgen, was ihr gerade verfolgt! Beruhigt euch, nehmt euch Zeit, laßt ein wenig Frieden in euch eindringen! Hoffnungslos. Wir tun es nicht. Wir hören mit all den verdammten Narreteien niemals auf.

Und am Horizont zieht der nächste Krieg herauf. 1941, heißt es. Drei Sonnenjahre noch, dann sausen wir mitten hinein. Die Bomben werden auf uns fallen wie schwarze Zigarren, und Raketengeschosse werden von den Katapulten aufzischen. Nicht, daß mich das besonders beunruhigte. Ich bin zu alt zum Kämpfen. Man muß natürlich mit Luftangriffen rechnen, aber die Bomben treffen ja nicht jeden. Außerdem denkt man nicht im voraus an eine solche Gefahr, selbst wenn sie besteht. Wie ich schon ein paarmal sagte, ich habe keine Angst vor dem Krieg, sondern nur vor dem, was dann kommt. Und sogar das regt mich persönlich nicht sehr auf. Denn wozu soll sich ein Mensch wie ich den Kopf zerbrechen? Ich bin zu dick, um politisch verdächtig zu sein. Kein Mensch würde mich umbringen oder mit einem Gummiknüppel bearbeiten. Ich bin der typische Durchschnittsmann, der weitergeht, wenn die Polizei es befiehlt. Was Hilda und die Kinder betrifft, so werden sie wohl nie einen Unterschied merken. Und doch habe ich Angst. Der Stacheldraht! Die Schlagworte! Die Transparent-Gesichter! Die Keller mit Korkwänden, wo einen die Scharfrichter von hinten erschießen. Das macht sogar Menschen Angst, die geistig noch viel stumpfer sind als ich. Aber warum? Weil es den Abschied von dem besonderen Gefühl bedeutet, das ich vorhin beschrieben habe. Man mag es Frieden nennen, wenn man will. Aber wenn ich Frieden sage, meine ich nicht eine Zeit ohne Krieg, sondern den Frieden im Innern. Und der ist für immer dahin, wenn die Lümmel mit den Gummiknüppeln uns erwischen.

Ich roch an meinem Primelstrauß. Ich dachte an Lower Binfield. Komisch, daß ich seit zwei Monaten immer daran denken mußte – nach zwanzig Jahren, obwohl ich es doch eigentlich längst vergessen hatte. Und gerade in diesem Augenblick hörte ich einen Wagen die Straße heraufbrummen.

Das rüttelte mich wach. Mir wurde plötzlich bewußt, was ich getan hatte. Ich ging hier herum und pflückte Primeln, anstatt die Eisenwarenhandlung in Pudley zu taxieren. Überdies fiel mir ein, wie ich wohl aussehen würde, wenn die Leute im vorbeifahrenden Wagen mich sähen. Ein dicker Mann mit einer Melone hält einen Primelstrauß in der Hand! Höchst unpassend. Dicke Männer sollten keine Primeln pflücken, wenigstens nicht in der Öffentlichkeit. Ich hatte gerade noch Zeit, den Strauß über die Hecke zu werfen, ehe der Wagen in Sicht kam. Es war gut, daß ich das getan hatte. Denn der Wagen war voll von etwa zwanzigjährigen Flegeln. Wenn die mich so gesehen hätten! Sie starrten mich alle an – man weiß ja, wie Autofahrer aus einem Wagen glotzen – und wahrscheinlich fragten sie sich auch so, was ich hier wollte. Aber sie sollten lieber etwas anderes vermuten. Warum stieg wohl ein Mann auf der Landstraße aus? Leicht zu erraten. Als der Wagen vorbeifuhr, tat ich, als machte ich einen Hosenknopf zu. Ich kurbelte den Wagen an (der Anlasser funktioniert nicht mehr) und stieg ein. Sonderbarerweise kam mir gerade, als ich den Hosenknopf zumachte und meine Gedanken zu drei Vierteln bei den jungen Leuten im andern Wagen waren, eine wundervolle Idee.

Ich wollte nach Lower Binfield fahren!

Warum nicht? dachte ich, als ich in den letzten Gang schaltete. Warum sollte ich das nicht tun? Was konnte mich daran hindern? Und warum zum Teufel war ich nicht eher darauf gekommen? Ruhige Ferien in Lower Binfield – gerade darauf hatte ich Lust.

Natürlich wollte ich nicht nach Lower Binfield zurückkehren, um wieder dort zu leben. Ich beabsichtigte durchaus nicht, Hilda und die Kinder zu verlassen und unter andrem Namen neu zu beginnen. Das gibt es nur in Romanen. Aber wer sollte mich daran hindern, nach Lower Binfield zu fahren und dort eine Woche ganz für mich zu sein?

Es war, als hätte ich das schon seit langem geplant. In bezug auf das Geld war alles klar. Ich besaß heimlich noch immer zwölf Pfund, und mit zwölf Pfund kann man eine Woche lang gut auskommen. Auch habe ich jedes Jahr vierzehn Tage Urlaub, meistens im August oder September. Wenn ich eine entsprechende Geschichte erfand – Tod eines Verwandten, unheilbare Krankheit oder so was –, konnte ich bei der Firma vielleicht erreichen, daß sie mich den Urlaub in zwei Hälften aufteilen ließ. Dann konnte ich eine Woche ganz für mich verbringen, ehe Hilda wußte, was überhaupt vorging. Im Mai zum Beispiel, wenn der Weißdorn blühte. Eine Woche in Lower Binfield, ohne Hilda, ohne Kinder, ohne Fliegenden Salamander, ohne die Ellesmere Road; kein Gejammer über fällige Abzahlungen, kein Verkehrslärm, der einen verrückt macht – nur eine Woche herumwandern und der Stille zuhören!

Aber warum wollte ich nach Lower Binfield zurück? Warum ausgerechnet Lower Binfield? Was gedachte ich dort zu tun? Nichts wollte ich tun. Das war es ja gerade. Ich wollte Ruhe und Frieden haben. Frieden! In Lower Binfield haben wir ihn einmal gehabt. Ich habe ja schon von der Zeit vor dem Krieg erzählt. Gewiß war damals nicht alles ideal. Nein, es war ein langweiliges, träges Dahinvegetieren. Meinetwegen kann man sagen, wir hätten wie Kohlrüben gelebt. Aber wenigstens leben Kohlrüben nicht in der Angst vor dem Chef und liegen nachts nicht wach, weil sie an die nächste Inflation und den nächsten Krieg denken. Wir hatten den inneren Frieden. Natürlich war mir klar, daß sich auch in Lower Binfield das Leben geändert haben mußte. Aber nicht der Ort selbst. Immer noch würden die Buchenwälder um Binfield House stehen, der Treidelweg nach dem Burford-Wehr und die Pferdetränke auf dem Marktplatz da sein. Ich wollte zurückkehren, nur für eine Woche, um diese Atmosphäre in mich eindringen zu lassen. Es war etwa wie in den östlichen Legenden, in denen man sich in die Wüste zurückzieht. Und ich finde, so wie das jetzt alles aussieht, wäre es nur gut, wenn sich in den nächsten Jahren viele Menschen in die Wüste zurückzögen. Es würde sein wie im alten Rom, von dem mir Porteous erzählte, wo es so viele Einsiedler gab, daß man sich für jede Höhle vormerken lassen mußte. Ich wollte nicht meinen Nabel fixieren. Ich wollte nur meine Nerven stärken, ehe es mit der verruchten neuen Zeit losgehen würde. Wie kann einer, der nicht gänzlich abgestorben ist, daran zweifeln, daß eine verruchte Zeit kommen wird? Wir wissen nicht einmal was, aber wir wissen, daß es kommt. Vielleicht ein Krieg, vielleicht eine Inflation – irgend etwas, aber schlimm wird es werden. Wohin wir auch gehen, wir gehen abwärts. Ins Grab, in die Senkgrube – wer weiß. Wer nicht den richtigen Frieden in sich hat, wird es nicht ertragen können. Irgend etwas haben wir in diesen zwanzig Jahren seit dem letzten Krieg verloren. Wir haben unsre ganze Lebenskraft so lange vergeudet, bis nichts mehr davon übrig blieb. Alles ist ein einziges Hin- und Hergerase. Die ewige Balgerei um das bißchen Geld. Der ewige Lärm von Omnibussen, Bomben, Radios, Telephonklingeln. Völlig verbrauchte Nerven, ausgehöhlte Knochen, kein Mark mehr darin!

Ich trat auf den Gashebel. Der Gedanke, nach Lower Binfield zu fahren, hatte mir schon gutgetan. Das ist durchaus verständlich. Auftauchen, um Luft zu holen! Wie die großen Seeschildkröten, wenn sie zum Wasserspiegel hinaufpaddeln, die Nasen herausstrecken und die Lungen mit einem großen Schluck Luft vollpumpen, ehe sie wieder hinuntersinken zu den Meerpflanzen und Tintenfischen. Wir alle ersticken auf dem Grund eines Schutthaufens – aber ich hatte den Weg nach oben gefunden. Zurück nach

Lower Binfield! Ich gab Vollgas, bis sich der alte Wagen zu seiner Höchstgeschwindigkeit von sechzig Stundenkilometern hinaufarbeitete. Er rasselte wie eine Blechwanne voller Steingutgeschirr. Bei diesem Krach konnte ich mir sogar erlauben zu singen.

Der einzige Haken an der ganzen Sache war Hilda. Das bedrückte mich ein wenig. Ich ging auf dreißig herunter, um darüber nachzudenken.

Zweifellos mußte Hilda früher oder später dahinterkommen. Wenn ich im August nur eine Woche Urlaub nahm, konnte ich das vielleicht noch erklären. Ich konnte ihr einfach sagen, die Firma gebe mir in diesem Jahr nur eine Woche. Wahrscheinlich fragte sie nicht weiter danach, weil es ihr als Möglichkeit zu Verringerung der Ferienausgaben willkommen war. Die Kinder fuhren ja ohnedies immer für einen Monat an die See. Die Schwierigkeit fing erst damit an, wie ich für diese Woche im Mai ein Alibi finden sollte. Ich konnte nicht einfach wegfahren, ohne daß es auffiel. Am besten, dachte ich, wäre wohl, wenn ich ihr schon eine ganze Weile vorher erzählte, daß ich für einige Zeit in einem ganz besonderen Auftrag nach Nottingham oder Derby oder Bristol geschickt würde. Wenn ich das zwei Monate vorher sagte, sah es nicht so aus, als wollte ich etwas verbergen.

Aber natürlich mußte sie es früher oder später entdecken. Darauf konnte man sich verlassen. Zuerst würde sie so tun, als glaubte sie es, und dann würde sie in ihrer ruhigen, dickköpfigen Art ausschnüffeln, daß ich nie in Nottingham oder Derby oder Bristol gewesen war. Es ist erstaunlich, wie sie das macht. Oh, diese Sturheit! Sie verhält sich ganz still, bis sie alle Fragwürdigkeiten im Alibi aufgedeckt hat, und plötzlich, wenn einem irgendeine unvorsichtige Bemerkung herausrutscht, fährt sie los. Rückt plötzlich mit dem vollständigen Material des Falles heraus. »Wo warst du am Samstagabend? Das ist gelogen! Du warst bei einer Frau. Schau dir doch diese Haare an, die ich beim Ausbürsten auf deiner Weste gefunden habe. Schau sie dir nur an! Hat mein Haar etwa diese Farbe?« Und dann geht es los. Weiß der Himmel, wie oft ich das nun schon erlebt habe. Manchmal hatte sie recht, was die Mädchen angeht, manchmal auch nicht, aber es kam immer auf dasselbe heraus: wochenlanges, endloses Keifen! Keine Mahlzeit ohne Streit. Und die Kinder wußten nicht einmal, um was es überhaupt ging. Völlig hoffnungslos, ihr zu erklären, wo und warum ich diese Woche dort verbringen wollte. Ich konnte ihr Versicherungen abgeben bis zum Jüngsten Gericht, sie würde mir nie glauben.

Aber zum Teufel, dachte ich, warum sich aufregen? Es war noch lange nicht soweit. Vorher sieht so etwas ja immer ganz anders aus als nachher. Ich gab wieder mehr Gas. Mir kam eine neue Idee, eine günstigere als die erste. Ich wollte nicht im Mai fahren, sondern in der zweiten Junihälfte, wenn die Angelsaison begann. Angeln!

Warum denn nicht? Ich wollte Frieden, und Angeln ist gleichbedeutend mit Frieden. Und dann kam mir die allerbeste Idee, so daß ich fast die Herrschaft über den Wagen verlor.

Ich wollte den großen Karpfen im Teich hinter Binfield House fangen!

Wahrhaftig: warum nicht? Ist es nicht sonderbar, daß

wir durchs Leben gehen, ohne uns je unsere Wünsche zu erfüllen, nur weil wir meinen, wir dürften sie uns nicht erfüllen? Warum sollte ich mir nicht den Karpfen fangen? Aber sobald man einen solchen Gedanken berührt, scheint er meistens auch schon unmöglich. Mir wenigstens ging es so in diesem Augenblick. Es war wie ein Traum in der Narkose, wo man mit einem Filmstar schläft oder die Schwergewichtsmeisterschaft gewinnt. Und doch war es nicht im geringsten unmöglich, es war nicht einmal unglaubwürdig. Das Angelrecht kann verpachtet werden. Wem Binfield House jetzt auch gehören mochte, der Besitzer überließ mir den Teich ganz gewiß, wenn er genug dafür bekam. Zum Teufel! Ich wollte mit Vergnügen fünf Pfund bezahlen, um einen Tag dort zu angeln. Außerdem war es gut möglich, daß Binfield House leer stand und kein Mensch von dem Teich wußte.

Ich stellte mir ihn vor im Schatten der Bäume, wie er all die Jahre auf mich gewartet hatte. Und die riesigen schwarzen Fische glitten immer noch durchs Wasser. Mein Gott! Wenn sie schon vor dreißig Jahren so groß gewesen waren, wie mochten sie dann jetzt sein?

Die Uhr

Das Boarding für meinen Anschlussflug begann in genau 28 Minuten, wie mir ein Blick auf die Armbanduhr verriet, die ich mir gerade gegönnt hatte. Ich weiß nicht, ob es an der besonderen Aura lag, die von neuen Dingen manchmal ausgeht, oder einfach nur daran, dass sie schön war, jedenfalls ließ der Typ, der neben mir am Tresen der Flughafenbar saß, einen Pfiff hören und sagte: »Schicke Uhr.«

»Danke«, antwortete ich.

»Gerade gekauft, was?«

»Ja, wie kommen Sie darauf?«

»So, wie Sie sie ansehen!«

»Wirklich?«

Ich war von seiner Beobachtungsgabe beeindruckt, aber dann merkte ich, dass in der gelben Duty-Free-Tüte zu meinen Füßen die Schachtel und der Kassenzettel zu sehen waren.

»Bloß schade, dass sie ein bisschen zu groß ist für Ihren Arm«, fuhr er fort.

»Finden Sie?«

»Das ist das Problem bei modernen Uhren: Die sind immer riesengroß.«

»Da ist was dran.«

»Früher konnten die noch Herrenuhren machen, klassisch und diskret. Sehen Sie mal.« Der Typ zeigte mir seine Uhr.

»Stimmt.«

Der Typ nahm sie ab und hielt sie mir hin. »Hier, probieren Sie die mal.«

Ich zögerte kurz, aber er blieb hartnäckig, also nahm ich meine ab und legte seine an. Es war eine ultraflache aus den 60er oder 70er Jahren, Marke unbekannt. Von fragwürdiger Qualität, ziemlich abgenutzt, aber sehr angenehm. Ich konnte das Handgelenk problemlos hin- und herdrehen.

»Und?«

»Ja, die ist gut.«

»Darf ich mal?«, fragte er und nahm meine Uhr vom Tresen.

»Meinetwegen«, sagte ich mit leichtem Bedauern.

Er legte sie an und sagte: »Bei mir geht's. Eigentlich gar nicht mal so schlecht. Kommt eben immer darauf an.«

»Ja, es ist Geschmackssache«, sagte ich und nahm seine ab, weil ich meine wieder zurückhaben wollte.

»Nicht nur, es gibt schon ganz besondere Uhren«, sagte der Typ und nahm seine Uhr wieder in die Hand, meine noch am Arm. »Die hier zum Beispiel. Sie werden nicht glauben, was die kann ...«

»Ach ja?«

Der Typ musterte mich kurz. »Haben Sie fünf Minuten? Dann erzähl ich's Ihnen.«

»Okay«, sagte ich etwas verlegen.

»Sie müssen versprechen, dass Sie's für sich behalten.«

»Ja, klar, wenn Sie wollen.«

»Also, ich hab die Uhr von einem Kumpel. Sie ist mit Handaufzug, und wenn man schlau ist, macht man das jeden Tag zur selben Zeit, damit sie nicht stehenbleibt. Dann muss man sie nicht jedes Mal neu stellen. Aber mein Kumpel hat das immer vergessen und musste sie vor dem Aufziehen immer wieder stellen. Den einen Tag war er gerade dabei, da kam sein Hund ins Schlafzimmer gelaufen und pinkelte ans Fußende vom Bett. Mein Kumpel brüllt ihn an, der Hund haut ab und hinterlässt einen ordentlichen Fleck auf dem Teppich. Mein Kumpel ekelt sich, aber er muss zur Arbeit. Er stellt also die Uhr, und bei 6.42 Uhr hört er ein kleines Geräusch, wie einen Pups im Gehäuse.«

»Mhmm.«

»Und da sieht er, wie der Hund wieder zum Bett gelaufen kommt und das Bein hebt, wie beim ersten Mal. Er brüllt sofort los, der Hund verschwindet, mein Kumpel sieht auf den Teppich, und da ist kein Fleck, nix.«

»Aha.«

»Mein Kumpel wundert sich, sagt sich, das muss er geträumt haben, und denkt sich nichts weiter dabei. Am nächsten Tag steht er am Fenster, als unten die Müllabfuhr hält, die Mülltonnen leert und wieder abfährt. Mein Kumpel zieht die Uhr auf, und als er sie stellen will und die Zeiger an 6.42 Uhr vorbeikommen, macht sie wieder das komische Geräusch. Und schon hält wieder die Müllabfuhr vor dem Fenster, leert die Mülltonnen und fährt weiter …«

»Komisch.«

»Ja, fand er auch. Dann hat er sie noch mal auf 6.42 Uhr gestellt, ist aber nix passiert. Erst später hat er kapiert: Es funktioniert nur, wenn die Uhr stehengeblieben war. Dann konnte er in der Zeit zurück. Nicht viel, nur ein kleines bisschen. Ungefähr eine Minute, nicht mehr.«

»Und was hat er damit angefangen?«, fragte ich.

»Er hat es ausgenutzt, hat seinen Chef beleidigt: ›Blödes Arschloch!‹, und dann die Zeiger zurückgedreht und so getan, als wäre nix gewesen. Dann hat er es bei den Frauen versucht. ›Haben Sie Lust, heute Abend mit mir auszugehen?‹ Wenn die Frau ein Gesicht zog, hat er wieder zurückgedreht. Das hat er bestimmt zehn Mal gemacht, bis er die Richtige gefunden hatte. Sie sind heute noch zusammen. Und dann hat er sich gesagt, dass er doch irgendwie damit Geld verdienen könnte. Keine Wetten, dafür reicht eine Minute nicht, aber er hat Rubbellose gekauft, und wenn es Nieten waren, dann hat er zurückgedreht und gesagt: ›Nein, nicht das hier, das da!‹ Bis es funktioniert hat«, erklärte der Typ, der ganz in der Szene aufging. »Das hat gut geklappt; er hat sich sogar einen Porsche davon gekauft.«

»Mit Hochfrequenzhandel wäre er Milliardär geworden.«

»Was?«

»Superschnelle Börsentransaktionen. Da geht es um Mikrosekunden, und wenn man genau weiß, dass man jedes Mal gewinnt …«

»Ja, kann sein. Auf jeden Fall hat er die Uhr irgendwann mir vermacht.«

»Aha. Und warum?«

»Es ging ihm zu gut, alles lief super, und er hatte Angst, irgendwas falsch zu machen und alles zu vermasseln. Also hat er sie mir gegeben.«

»Einfach so …«

»Einfach so.«

»Und Sie, was haben Sie gemacht? Also, mit der Uhr?«

»Ich habe es ein, zwei Mal probiert, und es hat funktioniert. Aber irgendwie war mir nicht wohl dabei …«

»Wieso?«

»Ach, ich weiß nicht, ob man so was darf. Die Vergangenheit ändern … Klar, manchmal denkt man sich, die Gegenwart könnte kaum schlimmer sein, aber na ja …«

»Verstehe … Soll man die Realität annehmen, so wie sie ist, oder versuchen, sie zu ändern?«

»Genau …«

Ich betrachtete die Uhr, völlig in Gedanken verloren. Eine Minute war wirklich viel zu kurz, um der Zeit zu entfliehen, aber genug, um einen Fehler rückgängig zu machen, sich eine bessere Lösung oder eine Perspektive zu überlegen, für einen selbst und für die anderen.

»Wenn du willst, kannst du sie behalten«, sagte er. »Ich mach ja doch nicht so recht Gebrauch davon.«

»Du willst sie mir schenken? Wirklich? Ich glaube, das darf ich nicht annehmen.«

»Kannst mir ja deine dafür geben, weil ich sonst keine mehr habe. Für mich wär das in Ordnung.«

Ich sah mir seine Uhr noch mal an. Meine war bestimmt drei- oder viermal so viel wert. Andererseits …

»Kann ich es mal ausprobieren?«, fragte ich.

»Das Problem ist, die Uhr muss stehen, sonst funktioniert es nicht. Ich ziehe sie ja immer auf … Zur besagten Zeit müsste es aber auf jeden Fall klappen. Also?«

Ich zögerte noch einmal kurz. »Na gut.«

»Cool«, sagte er. Dann warf er einen Blick auf meine

Uhr und sagte: »Tja, das ist zwar noch nicht alles, aber ich muss los. Schönen Tag noch, und nicht vergessen: 6.42 Uhr. Wirst sehen!«

Er machte sich auf den Weg, ich trank in Ruhe aus. In der Eile hatte er vergessen zu bezahlen, und so übernahm ich das Ganze, damit sich der Barkeeper nicht aufregte.

Jetzt habe ich die Uhr schon eine ganze Weile. Wie zu erwarten war, geschieht nichts weiter, wenn sie stehenbleibt und man die Zeiger auf 6.42 Uhr stellt. Sie macht nicht einmal ein Geräusch. Trotzdem bereue ich den Tausch nicht, weil er seinen Zweck erfüllt hat: Jedes Mal, wenn ich auf die Uhr sehe, erinnert sie mich daran, dass mehr als nur eine Zukunft möglich ist.

Nachweis